픽사 스토리텔링

고객의 마음을 사로잡는 9가지 스토리 법칙

매튜 룬 지음 | 박여진 옮김

THE BEST STORY WINS

픽사 스토리텔링

고객의 마음을 사로잡는 9가지 스토리 법칙

현대
지성

지난 이야기를 멋지게 설명하는 것은 비교적 쉬운 일이지만 새로운 이야기를 멋지게 창조해내는 것은 차원이 다른 문제다. 픽사는 늘 이 문제를 마법처럼 풀어낸다. 『픽사 스토리텔링』은 그 마법의 과정을 하나하나 소개하는 친절한 안내서다. 스토리를 사랑하고 스토리의 힘을 믿는 모든 이에게 적극 권한다.

김도영
네이버 브랜드 기획자
『기획자의 독서』 저자

한 편의 롱 테이크 영화를 본 기분. 관객이 된 나는 픽사의 스토리텔러였다가, 승부수를 던지는 리더였다가, 서사 충만한 영웅이었다가, 이내 '나'라는 캐릭터의 분석가가 되었다. 자, 이제 당신 차례다.

김키미
카카오브런치 브랜드 마케터
『오늘부터 나는 브랜드가 되기로 했다』 저자

마케터라면 누구나 좋은 스토리텔러가 되는 것을 꿈꾼다. 자신의 생각을 상대에게 위화감 없이 설득시키고 고객의 마음을 사로잡는 비법이 이 책 안에 담겨 있다. 픽사에서 20년 간 근무한 스토리 작가가 쓴 책답게 첫 장을 펼치자마자 단숨에 끝까지 읽어버렸다. 뛰어난 커뮤니케이터가 되고 싶다면 안 읽을 이유가 전혀 없다. 당장 이 책을 집어 드시길!

이승희
마케터, 『기록의 쓸모』『별게 다 영감』 저자

저자는 픽사의 경험을 토대로 오래 기억에 남을 스토리텔링 방법을 공유한다. 브랜딩도 결국 좋은 스토리로 사람의 마음을 움직이는 것이기 때문에 브랜드 관점에서 많은 인사이트를 준다. 특히 성공담보다 솔직한 실패담이 스토리의 핵심이라고 말한 부분이 인상적인데, 브랜드의 진정성이 중요하다는 사실을 다시금 깨닫게 해준다.

구자영
『잘 팔리는 브랜드의 법칙』 저자

영화 《업》을 볼 때마다 왜 매번 눈물이 쏟아지는지 궁금했는데 이 책을 보고 궁금증이 해소되었다. 스토리는 마음을 움직이는 가장 치명적인 전략이다. 브랜드 마케팅을 하는 모든 이에게 픽사의 마법과 같은 스토리텔링이 훌륭한 가이드가 될 것이다.

윤진호
월트디즈니컴퍼니코리아 마케터

스토리텔링의 힘으로 기업 브랜드나 비즈니스 능력을 강화하고 싶은 사람에게 꼭 필요한 필독서다.

허브 코헨
『협상의 기술』 저자

이 책은 비즈니스 스토리텔링에 필요한 인사이트와 전문 기술이 가득한 황금 광맥이다. 매튜 룬은 픽사의 지하 동굴 깊숙한 곳에서 오랫동안 갈고 다듬은 귀중한 스토리텔링 기술을 아낌없이 들려준다.

로버트 로드리게즈
영화감독, 시나리오작가

대중의 마음을 사로잡는 스토리텔러가 되고 싶다면 이 책을 꼭 읽어보라. 탁월하고 간결하고 재미있다. 이 책을 통해 소비자, 고객, 독자와 더 깊이 교감하는 법을 배우라. 매우 지적이면서도 순수한 즐거움을 선사한다.

제임스 칸즈
아디다스 전략 부사장

매튜 룬은 당신이 비즈니스 세계에서 탁월한 스토리텔러가 될 수 있도록 임팩트 넘치는 스토리를 어떻게 만드는지 그 비법을 아낌없이 공개한다.

에릭 리드케
전 아디다스 글로벌 브랜드 이사

매튜 룬은 타고난 스토리텔러이자 멘토다. 넘치는 열정과 추진력, 세계적 수준의 전문성을 가지고 스토리텔링을 가르친다. 그는 자타공인 진정한 스토리 장인이다.

에밀리 딘
소니 픽처스 애니메이션 감독

매튜 룬의 책은 매력적인 스토리가 갖춰야 할 기초를 알려주는 재미있고 수준 높은 수업이다. 타고난 유쾌함과 공감 능력이 돋보이는 책이다!

클라우디아 케이힐
옴니콤 미디어 그룹 대표

이 책에 푹 빠졌다. 읽기 쉽고 스토리텔링에 필요한 소중한 지혜를 얻을 수 있다. 업종과 직위를 막론하고 업계 전문가와 마케터라면 누구나 읽어야 할 필독서다.

제러미 달로우
『운동선수도 브랜드다』 저자

135년간 이어져온 가족 비즈니스 스토리를 생생하고 진정성 있게 풀어냈다. 스토리의 힘으로 고객을 끌어들이고 브랜드 팬덤을 형성하는 비법을 알려준다.

캐럴린 웬티
웬티 빈야드 CEO
4대째 와인 생산자

매튜 룬의 혁신적인 스토리텔링 접근 방식은 저마다 상상력을 발휘해 자기만의 스토리를 만드는 데 기반을 마련해준다. 룬이 제시하는 방식을 따라가다 보면 이상을 현실화할 수 있는 능력을 충분히 계발할 수 있다.

브래드 잭슨
슬라롬 공동 설립자이자 CEO

아버지에게 이 책을 바칩니다.

| 차례 |

들어가며 ● 20

1장
후크
8초 안에 고객의 시선을 사로잡으려면 ● 44

2장
변화
변화는 고객의 가슴을 설레게 한다 ● 58

3장
교감
당신의 고객은 어떤 사람인가 ● 76

4장
진심
부족한 모습을 숨기지 말자 ● 94

5장
구조
모든 스토리는 시작-중간-끝이 있다 ● 110

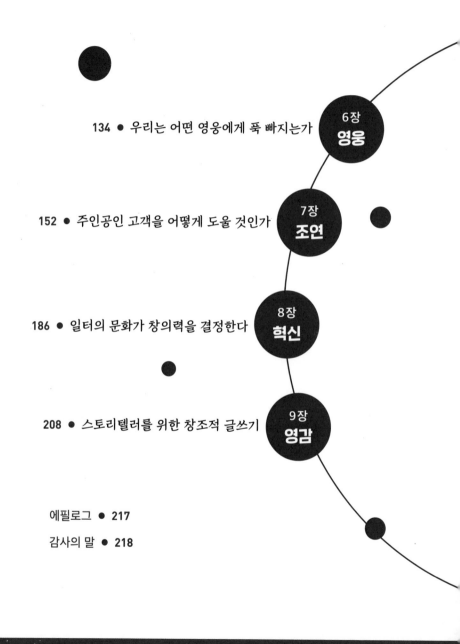

134 ● 우리는 어떤 영웅에게 푹 빠지는가

6장
영웅

152 ● 주인공인 고객을 어떻게 도울 것인가

7장
조연

186 ● 일터의 문화가 창의력을 결정한다

8장
혁신

208 ● 스토리텔러를 위한 창조적 글쓰기

9장
영감

에필로그 ● 217

감사의 말 ● 218

세상에서 가장 영향력 있는 사람은 스토리텔러다.
스토리텔러는 앞으로 다가올 새로운 세대의
비전과 가치와 어젠다를 설정한다.
스티브 잡스

25년 동안 나는 '사람들의 눈물을 쏙 빼놓는 남자'로 살아왔다. 극장, 거실, 비행기 어디든 영화가 상영되는 곳에서 아이 어른 가리지 않고 울게 만들었다. 항상 눈물만 나게 한 건 아니다. 가끔은 웃음도 터지게 하고, 용기도 불어넣고, 차분히 생각할 거리도 던져줬다. 무엇보다도 누군가의 인생을 뒤바꿀 경험을 제공했다.

　내 직업은 무엇일까? 그렇다, 나는 스토리텔러다. 픽사 애니메이션 스튜디오에서 20년 넘게 스토리와 캐릭터를 만들었다. 지금도 할리우드에서 제작하는 영화와 텔레비전 드라마의 시나리오를 쓰고 있고, 비즈니스 리더와 마케팅 전문가를 대상으로 브랜드 강화를 위한 스토리 제작법을 강의하고 있다. 나는 스토리를 만들고 사람들에게 더 나은 스토리텔러가 되는 법을 가르치면서 보람을 느낀다.

그렇다면 나는 어쩌다 스토리텔러가 되었을까? 모든 일은 어느 장난감 가게에서 시작되었다. 내가 태어났을 때 부모님은 샌프란시스코 베이 지역(San Francisco Bay Area)에서 장난감 가게를 운영하고 있었는데, 그 일대 장난감 가게 가운데 가장 독특했다.

우리 가족이 운영하는 가게 이름은 '제프리스 토이즈(Jeffrey's Toys)'다. 장난감 가게 아들에게는 꽤 괜찮은 환경이었다. 상상해보자. 생일 아침에 눈을 떴는데 부모님이 이렇게 말한다. "장난감 하나 골라봐, 아무거나." 장난감 가게 아들이 겪는 유일한 단점은 누가 진짜 친구인지 가짜 친구인지 구분하기 어렵다는 것뿐이다. 내 스타워즈 장난감이 탐나서 친한 척하는 녀석도 더러 있었기 때문이다.

부모님이 장난감 가게 문을 처음 연 건 아니다. 조부모님도 장난감 가게를 운영했고, 증조부님도 그랬다. 고조할아버지인 찰리만 가게와 아무 상관이 없었다. 장난감과 어린아이를 질색하던 고조할아버지는 샌프란시스코의 담배 가게에서 불법 도박장을 운영했다.

고조할아버지를 뺀 우리 가족은 모두 장난감 가게와 어떻게든 연을 맺어왔다. 왜냐고? 우리 가족은 아이 어른 상관없이 함께 장난감을 가지고 놀고, 무한한 상상력을 발휘하고, 즐거운 시간을 보낼 공간을 만들고 싶었다. 내 기억이 시작되는 순간부터 우리 가족은 장난감 가게를 운영하면서 사람들에게 '제프리스 토이즈'의 즐거운 경험을 선사하는 일을 매우 좋아했다.

엔터테인먼트나 비즈니스 분야에서 사람들에게 특별한 영감을 선물하는 최고의 방법은 무엇일까? 그것은 인생에 변화를 가져올 훌륭한 스토리텔링이다. 개인이든 기업이든 가상 캐릭터든 최고의 스토리텔러는 언제나 대중과 끈끈한 유대감을 형성한다. 당신도 이런 스토리텔러가 되고 싶지 않은가?

인간은 누구나 스토리를 갈망한다. 스토리를 듣고 보고 말하고 다시 이야기하기를 좋아한다. 욕망과 두려움을 스토리텔링으로 드러낸다. 스토리는 삶에 활력을 불어넣고 의미를 부여한다. 우리가 트위터에 글을 올리는 행위도 일종의 스토리텔링이다. 인스타그램이나 스냅챗에 사진을 올리는 것도 스토리텔링이다. 지극히 평범하고 사소한 행동에도 감정을 전달하는 동작들이 가득하다. 악수, 손 흔들기, 직접 음식 요리하기, 이맛살 찌푸리기, 가운뎃손가락 들어올리기 등등. 행동은 스토리를 전한다. 소설을 비롯해 영화, 홍보 연설, 브랜드 광고 이미지, 가족이 운영하는 장난감 가게까지 우리가 사는 세상은 온통 스토리로 둘러싸여 있다.

재미있게도 아버지는 원래 장난감 가게를 소유하거나 운영하고 싶어 하지 않았다. 장난감을 무척 좋아하긴 했지만 어릴 적부터 키운 다른 꿈이 있었다. 아버지의 꿈은 월트 디즈니에 취직해 애니메이션을 만드는 것이었다. 아버지는 초등학교부터 중학교, 고등학교 시절 내내 교과서 공부보다는 책 귀퉁이에 만화 캐릭터 그려 넣기를 훨씬 좋아했다. 심지어 베트남 전쟁에 참전했을 때도 그 꿈을 버리지 않았다. 베트남에 갈 때 아버지 가방에는 수십 권의 스케치북이 들어 있었다. 전쟁에서 돌아온 아버지는 제2차 세계대전 당시 해병대 참전 용사인 아버지(그러니까 우리 할아버지)에게 장난감 가게에서 일하고 싶지 않다고, 대신 디즈니에 입사해 애니메이터가 되고 싶다고 선포했다. 그러자 할아버지는 이렇게 대답했다.

"아들아, 넌 애니메이터가 될 수 없다. 예술가로 살아가면서 생계는 어떡하려고? 그리고 지금 이 가게를 운영하려면 너의 도움이 절실하다." 할아버지의 해병대 논리는 아버지의 의지를 꺾었고, 아버지는 디즈니 애니메이터가 되는 꿈을 접었다. 아버지는 결혼해 자식을 낳고(그 자식이 나다) 당연한 수순대로 하루하루 장난감 가게에서 일하게 되었다.

그러던 어느 날, 내가 네 살쯤 됐을 때 가게에서 퇴근하고 집으로 돌아온 아버지는 지독한 복통을 느꼈다. 고통스러워하는 아버지를 본 나는 네 살배기 아이가 할 수 있는 유일한 도움을 주고 싶었다. 나는 배가 아파 괴로워하는 아버지의 모습을 그림으로 그렸다. 내가 생각해도 꽤 괜찮은 그림이었다. 아버지가 느꼈을 고통을 상상하며 배에 구불구불한 선들이 요란하게 소용돌이치는 장면을 그렸다. 아버지는 내 그림을 보더니 눈을 똑바로 마주치며 말했다. "넌, 정말 타고났구나. 못 다 이룬 나의 꿈을 네가 이룰 거야. 넌 디즈니의 애니메이터가 될 거란다." 아버지가 했던 정확한 말은 기억나지 않지만, 어쨌든 이 말은 나의 유년 시절을 사로잡았다.

그날 이후 나는 아버지의 어린 제자가 되었다. 아버지는 나와 함께 앉아 늘 그림을 그렸다. 우리는 식당에 있는 식탁 매트, 뒷마당을 빙 두른 나무 울타리, 심지어 에펠탑 모양의 조명(프랑스 파리에게는 미안하지만 내 나이 겨우 열 살이었고 아버지는 그림이 괜찮다고 했다)까지 그렸다. 아버지는 그림 그리기 책들과 온갖 미술 도구를 사 왔고, 심지어 냉장고 포장용 골판지 상자로 작은 영화관까지 만들었다. 상자 영화관은 흑백 TV와 작은 의자, 이불보로 만든 커튼으로 꾸몄다. 나는 이 영화관에서 만화를 시청했다. 대부분 부모가 자녀들에게 잠들기 전『배고픈 애벌레(*The Very Hungry Caterpillar*)』나『곰돌이 푸우는 아무도 못 말려(*Winnie-the-Pooh*)』같은 동화책을 읽어줄 때, 우리 아버지는 내가 잠들 때까지『납골당의 미스터리(*Tales of the Crypt*)』같은 만화책이나『매드(*Mad*)』(1952년부터 EC코믹스에서 발행하는 미국의 풍자 잡지다. 처음에는 만화 잡지에서 시작해 다양한 이슈를 풍자적으로 다루는 잡지가 되었다 _ 옮긴이) 같은 잡지를 읽어주었다.

여기서 끝이 아니다. 일주일에 한 번, 어머니가 아침에 나를 초등학교에 데려다주면 30분쯤 뒤에 아버지가 와서 나를 다시 데려갔다. 학교 선생님에게는 병원 치료나 치과 진료 예약이 있다고 둘러댔지만 나를 조퇴시킨 진짜 이유는 영화관에 데려가기 위해서였다. 농담이 아니다. 정말이다. 대낮에는 아이들 대부분이 학교에 있으므로 신작 영화를 보기 위해 긴 줄을 서지 않아도 된다는 사실을 아버지는 잘 알고 있었다. 말하자면 우리 아버지는 모든 아이가 꿈꾸는 '워너비' 아버지였다.

처음에는《정글북》,《로빈 후드》,《마우스 킹》같은 만화영화만 보다가 나중에는 온갖 종류의 만화영화를 보았다. 또《스타워즈》,《영 프랑켄슈타인》,《거미들의 왕국》처럼 실사 영화도 보기 시작했다. 아버지는 공상 과학물이나 공포물을 특히 좋아했다. 물론 아홉 살짜리 아이를 극장에 데려가《폴터가이스트 (Poltergeist)》같은 공포영화를 보여줘 눈이 휘둥그레지도록 겁에 질리게 만드는 게 바람직한 일은 아니다. 난《폴터가이스트》를 보고 몇 달 동안이나 악몽에 시달렸다! 이렇게 예술과 애니메이션, 영화를 향한 아버지의 열정은 자연스럽게 나에게 전염되었다. 고등학생이 되고부터는 낡은 슈퍼8 카메라로 영화를 찍고 애니메이션을 만들기 시작했다. 아주 원시적인 방법이긴 하지만 애니메이션 만드는 법을 배우고 분투하는 과정이 내겐 자연스럽게 느껴졌다. 이 모든 건 아버지 덕분이다.

고등학생 때 애니메이션에 특화된 대학이 있다는 사실을 알게 되었다. 나는 그 대학에 간절히 가고 싶어졌다. 칼아츠 (CalArts, California Institute of the Arts)라는 학교는 전설적인 인물 월트 디즈니가 직접 설립한 곳이다. 애니메이션을 배우기에는 이만한 장소도 없었다.

나는 기적적으로 이 학교에 입학했다. 모든 배움의 순간을 사랑했다. 칼아츠 애니메이션 학과 강의실 번호는 예전이나 지금이나 똑같이 A113호다. 나처럼 픽사나 디즈니 영화의 열렬한 팬이라면 픽사의 모든 영화에 'A113'이라는 숫자가 등장한다는 사실을 잘 알고 있을 것이다. 애니메이션《카》에 등장하는 메이터의 운전면허증 면허 번호부터《몬스터 대학교》에 나오는 설리의 기숙사 방 번호까지 픽사 영화 곳곳에 이 번호가 수십 개씩 숨겨져 있다.

그 이유는 무엇일까? 픽사의 영화감독, 스토리보드 아티스트, 작가, 캐릭터 디자이너, 애니메이터 등 제작진 모두가 칼아츠 출신이기 때문이다. 칼아츠 동문 중에는《파워퍼프 걸》,《덱스터의 실험실》,《위 베어 베어스: 곰 브라더스》등 TV에 상영

된 애니메이션 제작자들과 팀 버튼, 피위 허먼, 데이비드 핫셀호프 같은 감독들도 있다. 심지어 핫셀호프와 피위 감독이 룸메이트였다는 이야기도 들었다. 그래서 두 감독이 함께 훌륭한 작품을 만들었을 것이다.

칼아츠에 입학한 첫해, 나는 《스튜어드 스카일러 위기 탈출(Steward Skyler Saves the Day)》이라는 제목의 애니메이션 영화를 만들었다. 놀랍게도 이 작품이 한 감독의 눈에 띄었다. 당시 황금 시간대에 방영한 신작이자 히트작 《심슨 가족》의 감독이었다. 그는 나를 스튜디오로 불러 심슨 애니메이션 시험을 보게 했다. 심슨 애니메이션 제작에 참여하려면 예전이나 지금이나 바트, 호머, 마지, 리사, 매기를 잘 그릴 수 있는지 확인하는 시험을 거쳐야 한다. 난 시험에 통과해 《심슨 가족》의 애니메이터 자리를 제안받았다. 일단 학교를 먼저 마쳐야 한다고 말해야 했는데… 그러지 않았다. 곧바로 학교를 그만두고 《심슨 가족》 시즌 3 애니메이션 작업에 착수했다. 당시 19살이던 나는 최연소 심슨 애니메이터였다. 이미 나는 아버지의 목표이자 나의 목표인 애니메이터의 꿈을 이뤘다. 하지만 내 마음속에는 뭔가 변화의 기미가 꿈틀대고 있었다.

어느 날 '혼자가 된 호머(Homer Alone)' 에피소드 작업을 하던 나는 우연히 《심슨 가족》 스토리 제작실을 보게 되었다. 그때까지만 해도 TV 드라마 작가는 침울한 사람들이라고 생각했다. 홀로 컴컴한 사무실 키보드 앞에 앉아 대본을 뒤적이는 모습을 상상했다. 하지만 내가 만난 만화 작가, 하버드 대학 졸업생, 코미디언에게는 한 가지 공통점이 있었다. 그들은 모두 뛰어난 스토리텔러였다. 심지어 방송인 코난 오브라이언도 《심슨 가족》 작가 시절을 보낸 적이 있다. 대본을 넘겨가며 아이디어 회의를 하는 사람들의 모습을 본 순간 '그 일'이야말로 진정 내가 하고 싶은 일임을 깨달았다. 나는 다른 사람들이 쓴 스토리로 작업하는 것 이상의 일을 하고 싶었다. 스토리를 직접 만들고 싶었다. 아버지는 애니메이션에 열정을 품었지만 내가 가장 사랑하는 애니메이션 작업은 더 큰 그림이었다. 나는 스토리 자체를 만들고 싶었다. 캐릭터를 창조하고 온갖 모험을 펼쳐내고 싶었다.

하지만 애니메이터에서 스토리텔러로 변신하려면 어떻게 해야 할지 막막했다. 아버지를 실망시키고 싶지 않았고, 아버지와 온 가족이 나에게 품었던 기대를 무너뜨리고 싶지도 않았다. 그럼에도 마음속 깊은 곳에서는 마법 같은 이야기를 만들고 싶은 소망이 간절했다.

《심슨 가족》 시즌 3 작업을 마친 후 나는 두 가지를 결심했다. 첫째, 샌프란시스코 베이 지역에서 나고 자란 나는 로스앤젤레스에서 남은 생을 보내지 않을 것이다. 둘째, 스토리텔러가 되기 위해 무슨 일이든 할 것이다.

그러던 어느 날, 뜻밖의 일자리를 제안받았다. 베이 지역에 있는 작은 신생 애니메이션 스튜디오에서 일해달라는 연락을 받은 것이다. 애니메이션 영화 제작 경험은 없고 기껏해야 짧은 애니메이션 광고를 제작한 경험이 전부인 업체라 다소 위험 부담은 있었지만 일단 로스앤젤레스에서 아주 먼 곳이었고 '진짜' 애니메이션을 작업할 수 있었기에 이 기회를 붙잡았다.

당시 스튜디오 직원은 80명이 전부였는데, 다들 최초로 CG 애니메이션 영화를 만든다는 꿈에 부풀어 있었다. 이들은 회사 이름을 '픽사(Pixar)'라고 불렀다.

픽사는 기존의 전형적인 애니메이션 스튜디오와는 전혀 달랐다. 감독 존 라세터(John Lasseter)와 작가들은 동화 마을에서 일어나는 스토리를 만들지도 않았고 왕자와 공주가 상투적으로 부르는 "나는 ○○하고 싶어요" 같은 노랫말도 배제했다. 애니메이션 전체를 컴퓨터로만 제작했다. 손으로 직접 그린 그림은 단 한 장도 들어가지 않았다. 픽사는 기존 애니메이션과는 완전히 차별화된 것을 만들고 싶어 했다. 스튜디오 소유주도 영화 산업에서는 신출내기인 스티브 잡스였다. 잡스는 자신이 세운 기업 애플(Apple)에서 해고되는 불운을 겪었고, 그 후에 만든 넥스트(NeXT)라는 컴퓨터도 실패해 힘든 시기를 보내고 있었다.

픽사에 입사한 첫해인 1992년, 나는 픽사 최초의 컴퓨터 애니메이터로 일했다. 당시 애니메이터는 12명이었고 이 12명이 최초로 만든 애니메이션 영화가 바로 《토이 스토리》였다. 애니메이션 업계에 있던 사람들은 대부분 이 영화가 실패할 거라고 예상했다.

내가 《토이 스토리》 제작 과정에서 가장 먼저 한 일은 녹색 옷을 입은 작은 장난감 병사에게 생명력을 불어넣되 장난감의 몸체를 이루는 플라스틱의 속성은 그대로 유지하는 것이었다. 나는 캐릭터를 실감 나게 구현하려고 바닥에 나사가 박힌 신발을 신은 채 네모난 나무판자 위에서 걷고 뛰고 기었다. 심지어 픽사 스튜디오에 있는 모든 책상 위를 껑충껑충 뛰어다니기도 했다. 애니메이션을 최대한 정교하게 만들고 싶었다.

하지만 영화 제작 과정에서 내가 가장 참여하고 싶은 분야는 스토리 제작이었다. 스토리텔링이야말로 내가 제일 원하는 일이었다. 캐릭터를 창조하고, 스토리보드에 그림을 그리고, 스토리를 한 땀 한 땀 엮고 싶었다. 그래서 매일 애니메이션 업무를 마치면 하루도 빠짐없이 스토리 제작실을 기웃거리며 혹시 도움이 필요하지 않은지 물었다. 하다못해 스토리보드를 지우거나 보드에 색칠하는 일 등 어떤 잡무도 마다하지 않았다. 결국 내가 맡은 애니메이션 업무를 마친 다음 매일 저녁과 주말을 몽땅 스토리 제작팀 보조 업무에 쏟아부었다. 내 자리를 스토리 제작팀으로 옮길 수 있는 가능성이 희미하게 보이기 시작했다.

그러던 어느 날,《토이 스토리》에 투자하고 있던 디즈니에서 영화 투자를 전면 중단하기로 결정했다. 디즈니 측에서 밝힌 투자 중단 이유는 주인공인 우디가 그다지 매력적이지 않다는 것이었다. 스튜디오 입장에서도 큰 재앙이었지만《토이 스토리》의 감독인 존 라세터에게는 정말 엄청난 날벼락이었다. 존은 직원 한 명 한 명을 직접 만나 실망시켜 미안하다며 사과했고, 혹시라도 디즈니 측의 마음이 바뀌면 다시 전화하겠다고 약속했다.

로스앤젤레스에 있던 내 친구들은 졸지에 백수가 되어 캘리포니아 북부에 머무는 나를 보며 하나같이 "거봐, 내가 뭐랬어!"라고 말했다. 그런데 참 이상하게도 나는 이 사건이 기회처럼 느껴졌다. 어느 날 갑자기 내 앞에 스토리텔링을 배울 시간이 뚝 떨어졌기 때문이다. 나는 샌프란시스코에 있는 애니메이션 광고 제작 업체 몇 군데에 전화를 걸어 스토리보드 작업과 패스트푸드 광고 대본 작업, 시리얼 광고, TV용으로 제작되는 애니메이션 대본 작업을 시작했다. 스토리텔링이라는 세계에 발을 들여놓기에는 더없이 좋은 기회였다. 물론 생계를 위해 우리 가족이 운영하는 장난감 가게에서도 일했다.

1년이 지난 어느 날, 픽사의 애니메이션 감독인 피트 닥터(Pete Docter)에게 전화가 걸려왔다. 예전에 하던 일을 다시 해줄 수 있느냐고 물었다. 피트는 픽사 스토리 제작팀은 현재《토이 스토리》에서 문제가 되었던 캐릭터 이슈를 해결하고 있으며 디즈니 측에서도 긍정적인 반응을 보인다고 했다. 고민이 깊어졌다. 정말 반갑고 고마운 전화였지만 내가 진심으로 바라던 자리는 픽사의 스토리 제작팀이었다. 나는 피트의 제안을 정중히 사양한 후 스토리텔링을 향한 나의 열정을 이야기했다. 확고한 내 모습을 확인한 피트는 잊지 않고 있다가 혹시라도 좋은 기회가 오면 연락을 주겠노라고 했다.

그렇게 몇 달 동안 나는 샌프란시스코에 있는 작은 애니메이션 광고 스튜디오에서 계속 일했다. 마침내 계약한 일을 모두 마쳤다. 그다음에도 이 직장 저 직장을 옮겨 다녔다. 픽사의 애니메이터 일자리를 거절한 것이 내 인생 최악의 결정은 아닐까 하는 두려움에 잠식당한 채 말이다.

부모님의 집 바로 뒤에 살면서 자동차 보험료 낼 돈도 없어 친구들에게 돈을 꿔가며 살던 어느 날, 드디어 픽사에서 전화가 왔다.《토이 스토리 2》를 만들 예정인데 스토리 제작팀에 추가 인원이 필요하다는 전화였다. 할렐루야! 난 앞뒤 돌아보지 않고 즉시 합류했다. 당시에는 몰랐다. 이것이 픽사에서 20년 동안 이어질 스토리텔러 경력의 시작이 될 줄은. 열 편의 애니메이션 영화와 다섯 편의 단편 애니메이션, 두 편의 TV 스페셜 애니메이션으로 이어지리라는 사실을 그땐 몰랐다. 이 모든 작업을 진행하는 내내 진심으로 즐거웠다. 마치 고등학교 시절로 돌아가 친구들과 영화를 만드는 기분이었다.

어느 날,《와이어드》잡지를 보다가 픽사가 영화 역사상 세계적으로 가장 사랑받고 있고 재정적으로도 큰 성공을 거둔 영화를 연달아 내놓고 있다는 기사를 읽게 되었다. 그렇다. 우리는 워너브라더스, 유니버설스튜디오, 파라마운트, MGM보다 더 많은 히트작을 만들어냈다. 어떻게 이렇게 할 수 있었을까? 단순히 뛰어난 컴퓨터 애니메이션 작업이나 캐릭터 디자인, 컬러, 음악 때문만은 아니다. 장담컨대, 바로 스토리텔링의 힘 때문이다.

픽사는 스토리의 제왕이다. 오랜 세월《토이 스토리 2》, 《토이 스토리 3》,《몬스터 주식회사》,《니모를 찾아서》,《업》, 《카》,《라따뚜이》,《몬스터 대학교》의 스토리 제작자로 일하면서, 그리고 다른 업체의 글쓰기 및 스토리 컨설턴트로 일하면서 깨달은 바가 있다. 위대한 스토리는 위대한 소설이나 연극, 영화, TV에만 필요한 것이 아니라 성공적인 비즈니스나 브랜드에도 꼭 필요하다는 사실 말이다. 무대 앞 좌석에 앉아 있는 관객이든, 장난감 가게를 어슬렁거리는 고객이든, 온라인으로 물건을 구매하는 소비자든, 이들의 관심을 끌고 물건을 구매하게 만드는 힘은 마음을 감동시키는 스토리에 있다.

지금도 나는 대본을 쓰고 아이디어를 궁리하는 일을 최우

선으로 여기며 살아가고 있지만, 탁월한 스토리텔링의 원칙을
사람들과 나누는 일도 매우 좋아한다. 판매, 마케팅, 연설 등 여
러 분야에 종사하는 사람들이 매혹적인 스토리를 통해 브랜드
를 강화하고, 대중과 소통하고, 사람들을 움직일 수 있도록 돕
는 일을 사랑한다.

그렇다면 왜 스토리가 이토록 중요한 걸까? 왜 스토리는
나이나 성별, 문화를 초월해 모든 이의 마음을 움직이는 걸까?
잘 전달된 좋은 스토리는 기억에 오래 남고, 감동을 주며, 개개
인에게 작용하기 때문이다. 옥스퍼드 사전에서는 'story'를 이
렇게 정의한다. "재미를 목적으로 상상해내거나 실제로 있는
사람과 사건에 관해 말하는 것. 누군가의 인생에서 벌어진 일
이나 어떤 사건이 진행되는 과정에 벌어진 과거의 일에 대한
설명." 옛날이야기든 요즘 이야기든, 사실을 기반으로 한 이야
기든 꾸며낸 이야기든 좋은 스토리는 사람의 마음을 움직인다.
우리는 모든 종류의 스토리에 푹 빠진다. "이번 주말에 내가 무
슨 일을 겪었는지 알아? 아마 못 믿을 거야"로 시작하는 스토
리도 "신부님이랑 랍비랑 오리가 술집으로 들어오는 거야"로
시작하는 스토리도, 재미있고 좋은 스토리는 우리를 자석처럼
끌어당긴다. 이런 스토리는 호기심을 자극한다. 훌륭한 스토리
는 우리가 원하는 것, 우리가 믿는 것을 보여준다.

스토리 없이 그저 통계자료나 각종 데이터와 정보를 보았을 때, 10분 후 머릿속에는 정보의 5%밖에 남지 않는다. 기운 빠지는 일 아닌가? 특히 종일 숫자를 굴리는 직업에 종사하거나 자료를 수집하고 분석하는 일을 하는 사람이라면 더더욱 그럴 것이다. 물론, 빅데이터가 모든 것을 바꾸고 있지만 사람의 마음에 닿는 위대한 스토리가 없다면 고객과 클라이언트, 동료 직원은 그 내용을 잊는다. 직장 상사도 다음 회의 때 그 자료를 잊는다. 이것이 핵심이다. 같은 정보라도 스토리나 사건을 결합해 전달하면 사람들은 그 정보를 오래 기억한다. 오히려 접한 정보 이상을 기억할 수도 있다. 인지심리학자 제롬 브루너(Jerome Bruner)에 따르면, 사람은 스토리를 통해 정보를 접할 때 22배나 더 잘 기억한다고 한다. 설령 아주 딱딱한 정보라도 마찬가지다. 정보에 스토리를 덧붙이는 행위가 별것 아닌 듯 보여도 이는 모든 것을 바꾸는 변화의 시작이 된다.

초등학생 시절 나는 늘 공책에 낙서하고 창밖을 보며 공상에 빠지는 그런 아이였다. 선생님이 수업 시간에 온갖 지루한 숫자와 정보, 이름, 자료를 열거하면 나는 수업 내용을 죄다 잊어버렸다. 이제 와서야 내가 왜 그랬는지 이해가 된다. 정보를 둘러싼 스토리나 사건이 없었기 때문이다. 소설 『정글북』의 저자 러디어드 키플링(Rudyard Kipling)은 이렇게 말했다. "역사를 이야기로 가르치면 절대 잊어버리지 않을 것이다."

보석 전문 업체 티파니 앤 컴퍼니(Tiffany & Company)가 서사(narrative)와 색상, 서체, 시각적 이미지를 어떻게 인상적인 스토리와 조화시키는지 생각해보자. 이 브랜드의 상징인 '로빈 애그 티파니 블루(울새의 알 색에 티파니 브랜드 감성을 더해 만든 특유의 푸른색_옮긴이)'는 고요함과 일상 탈출이라는 정서를 자아내고, 티파니 브랜드의 서체와 로고는 우아하고 정교한 느낌을 준다. 티파니 앤 컴퍼니 상점과 웹사이트, 광고 등에 사용되는 사진과 이미지는 사랑과 로맨스 정서를 풍긴다. 이 모든 것이 합쳐져 대중의 가슴에 남는 인상적인 브랜드 스토리를 전달한다. 설령 한 번도 티파니 제품을 구매한 적이 없는 사람에게도 그렇다. 콘텐츠를 스토리 속에 넣으면 머릿속에 5%밖에 남지 않던 내용이 65%나 남게 된다. 단순히 기억만 하는 것이 아니라 깊은 유대감까지 느낀다.

픽사의 애니메이션 영화《인사이드 아웃》을 본 관객들은 단순히 재미난 스토리로만 보는 것이 아니라, 왜 어떤 스토리는 기억에 남고 어떤 스토리는 기억의 쓰레기장으로 가는지 그 과정을 이해하게 된다. 기억은 스토리나 사건으로 둘러싸여 있을 때 어김없이 머릿속에 남는다.

스토리가 마음속에 각인되는 과학적인 이유가 있다. 인류의 조상으로 거슬러 올라가보면, 말하는 능력이 생기기 시작한 인간은 호랑이에게 쫓기거나 들소를 사냥하거나 독이 있는 식물을 피할 때처럼 생사가 엇갈리는 상황에서 필요한 의사소통을 했다. 고대 인류에게 스토리텔링이 중요했다는 사실은 그들이 얻은 삶의 교훈이 남아 있는 동굴 벽을 통해 알 수 있다. 동굴 벽은 일종의 '스토리보드'였다. 고대 인류는 사라졌지만 이들이 터득한 삶의 지혜는 여전히 스토리로 살아남아 있다.

스토리는 기억에 남을 뿐 아니라 직접적으로 영향을 미친다. 스토리는 우리를 감정의 롤러코스터에 태운다. 우리의 감정 가장 높은 곳(행복, 기대, 놀라움)과 가장 낮은 곳(슬픔, 두려움, 분노)으로 오르락내리락하게 만드는데, 이때 몸 안에서 화학작용이 일어나고 이 작용이 실질적으로 영향을 미친다. 같은 눈물이라도 기쁨의 눈물과 슬픔의 눈물은 화학 성분이 다르다는 이론이 있다. 웃음을 터뜨리거나 미소를 짓는 사람(또는 애니메이션에 등장하는 장난감이나 로봇, 생쥐)을 볼 때나 조마조마한 서스펜스 이야기를 들을 때 우리 몸에서는 도파민과 엔도르핀이 분비된다. 슬프거나 우울한 무언가를 보거나 들을 때는 옥시토신이 분비된다. 이렇게 슬프고 행복한 순간들 옆에 스토리가 놓이면 사람들의 마음속에는 놀이동산이 만들어진다. 감정이 오르락내리락하고 마음을 졸였다가 풀었다가를 반복하면서 관객은 이야기 앞을 떠나지 못한다.

영화 《업》은 사람들을 웃고 울고 뭉클하게 만든 첫 장면으로 유명하다. 영화 오프닝에 젊은 남녀가 사랑에 빠져 결혼하고, 집을 짓고, 일하고, 자녀 계획을 세우는 모습이 나온다. 기대와 불안이 뒤섞인 행복하고 기쁜 순간들을 볼 때 우리 몸에서는 도파민과 엔도르핀이 다량 분비된다. 그러다가 여자가 병원에서 불임 판정을 받는 장면이 나온다. 갑자기 행복의 화학물질이 거대한 벽돌 성벽이 무너지듯 와르르 무너지면서 옥시토신이 분비된다. 자신도 모르게 눈가가 촉촉해지고 목이 메이고 등장인물에게 연민을 느낀다. 그다음 장면에서는 남자가 아내를 다독이며 여행을 제안하고, 함께 남아메리카 파라다이스 폭포로 떠날 계획을 세운다. 우리 몸에서 다시 행복의 화학물질이 솟구치며 입가에는 미소가 번진다. 하지만 부부는 저축을 하지 않아 여행 경비가 없다는 사실을 깨닫는다. 다시 행복 화학물질이 무너진다. 그렇게 몇 년이 흐르고 두 사람은 점점 나이가 들어간다. 어느 날 노인이 된 남자는 아내에게 했던 약속을 기억하고 파라다이스 폭포로 가는 비행기 표를 사기 위해 시계를 팔아버린다. 우리는 다시 기분이 좋아진다. 아니, 뛸 듯이 행복해진다! 두 사람은 마침내 여행을 떠날 것이다! 하지만 남자가 아내에게 비행기 표를 주기도 전에 아내는 쓰러져 병원에 실려 가고 그렇게 세상을 떠나고 만다. 뭐라고?! 그렇다. 이 장면에서는 아무리 마음이 나쁜 사람이라도 눈물을 닦을 휴지나 뭔가 먹을 게 필요하다. 이 장면을 본 사람들은 자리를 떠나지 않을 것이다. 이제 그 노인에게 무슨 일이 벌어질지 궁금하기 때문이다. 당신도 사람들을 그 자리에 붙잡아두는 스토리로 제품을 홍보하거나 회사의 비전을 알리고 싶지 않은가?

위대한 리더나 연설가는 이러한 긴장과 이완의 기술을 수시로 이용한다. 사람들을 평범한 세상에서 불러내 롤러코스터에 태운 다음 다시 일상으로 돌려보냄으로써 원하는 것을 얻는 방법을 잘 알고 있다.

삶의 절반 이상을 픽사에서 일하면서 가장 좋았던 점을 꼽으라면 위대한 스토리텔러 스티브 잡스와 함께 일한 경험이다. 스티브 잡스는 정보를 전달하거나 픽사의 비전을 이야기할 때면 늘 스토리에 정보나 비전을 잘 연결시켜 전달했다.

2007년 샌프란시스코에 있는 맥월드 엑스포(Macworld Expo)에서 처음으로 아이폰을 선보이던 날, 스티브 잡스는 롤러코스터 스토리텔링 방식을 활용했다. 프레젠테이션 자리에서 그는 이런 말로 운을 뗐다. "오늘은 제가 2년 반 동안 기다린 바로 그날입니다." 그의 벅찬 감정이 관객에게 전해졌다. "오늘 애플은 아이폰이라 불리는 새로운 기기로 휴대폰을 재창조할 것입니다." 꼼짝 않고 앉아 그의 말에 귀 기울이던 관객의 몸에서 행복 호르몬이 치솟았다. 이때 잡스는 잠시 말을 멈추고 관객을 바라보았다. "지금껏 나온 모든 스마트폰은 전혀 스마트하지 않았죠. 오히려 멍청했습니다." 이 말로 흥분된 분위기에 찬물을 끼얹었다. 일순간 관객의 몸속에는 슬픔의 호르몬이 분비되기 시작했다. 그 순간 잡스는 재빨리 방향을 바꿔 이렇게 말했다. "하지만 제 스마트폰은 컴퓨터만큼 스마트합니다." 모든 관객이 자리에서 벌떡 일어났다. 하지만 잡스는 다시 한번 분위기를 무겁게 만들었다. "스타일러스 펜을 사용하는 모든 스마트폰이 거추장스럽지 않으셨습니까?" 그리고 다시 관객에게 말했다. "하지만 제 스마트폰은 완벽한 터치스크린 방식입니다. 손가락만 움직여서 아이폰에 있는 모든 기능을 조정할 수 있습니다." 이 순간에 관객의 환호는 극에 달했다. 가슴에 남는 스토리를 전하고 싶다면, 마음을 움직이는 스토리를 전하고 싶다면 관객을 감정의 롤러코스터에 태워야 한다.

우리가 살아가면서 내리는 모든 결정, 예컨대 무슨 신발을 신을지, 누구와 사귈지, 어떤 공연을 관람할지 등은 감정을 토대로 내려진다. 큰 결정이든 작은 결정이든 모든 결정은 우뇌에서 이루어지는데, 이 우뇌에서 바로 감정이 시작된다. 그런 다음 자신이 좋은 선택을 했는지 아닌지 가늠하며 합리화하게 된다. 이 합리화 과정은 좌뇌에서 이루어진다. 그래서 제품이든 해결책이든 아이디어든 본질이 중요하다. 소설가나 영화배우나 기업 CEO나 누구든 가슴에 남고 영향력 있는 스토리를 전달하면 전달자와 청중 사이에 개인적 유대감이 형성된다. 영화《포레스트 검프》에서 버스 정류장 옆자리에 앉은 타인에게 인생을 바꾼 사건들을 이야기하는 톰 행크스도 그랬고 직원들에게 애플 이야기를 하며 영감을 주었던 스티브 잡스도 그랬듯이, 스토리텔링에는 한 개인 또는 하나의 기업과 유대감을 형성하게 하는 힘이 있다. 당신의 일상이든 비즈니스든 스토리와 결합하는 것은 그 스토리를 듣는 사람들이 무언가 결정을 내리는 데 영감을 주는 최고의 방법이다.

이 책에서 소개한 몇 가지 간단한 과정을 통해 당신이 더 좋은 스토리텔러가 되길 바란다. 프레젠테이션, 마케팅 전략, 글로벌 브랜딩, 영업 기술, 리더십과 관련해 스토리의 힘을 마음껏 활용하길 바란다.

- 우리는 스토리를 갈망한다. 스토리는 우리가 바라고 믿는 바를 보여주기 때문이다. 우리는 스토리텔링으로 욕망과 두려움을 드러낸다. 당신이 가장 좋아하는 소설, 영화, 드라마는 무엇인가?

- 매력적인 스토리나 사건은 기억에 오래 남는다. 사적으로나 공적으로 가장 기억에 남는 순간은 언제인가?

- 재미있고 행복하고 조마조마한 스토리로 청중의 도파민과 엔도르핀이 분출시키고 슬프고 우울한 스토리로 옥시토신을 분출시키자. 스토리에 행복과 슬픔의 순간을 모두 담아 청중의 주의를 최대한 집중시키자.

- 훌륭한 스토리는 단순히 재미만을 위한 것이 아니다. 성공적인 비즈니스와 브랜딩을 위해서도 중요하다. 당신이 가장 좋아하는 브랜드 세 가지를 꼽아보자. 이 브랜드에는 기억에 오래 남고, 강렬한 인상을 남기고, 당신 개인과 관련된 스토리가 있는가? 당신의 회사나 브랜드에는 사람들의 가슴을 뛰게 할 만한 어떤 스토리가 숨어 있는가?

1장

후크

8초 안에 고객의 시선을 사로잡으려면

이야기를 시작하려면
첫 줄부터 독자를 사로잡아야 한다.
이렇게 말하는 것이다.
내 말 좀 들어봐!
이리 한번 와봐!
궁금해서 못 견딜걸?

스티븐 킹

도심 한복판을 걷다가 털이 북실북실한 거대한 고릴라를 마주칠 거라고 생각하는 사람은 아무도 없다. 하지만 우리 할아버지는 바로 그 생각을 떠올렸다. 우리 장난감 가게 유리 진열장에 '조(Joe)'를 가져다 두면서 말이다. 조는 키가 1.8미터나 될 정도로 육중하고 가슴팍에는 '조'라고 쓰인 이름표를 단 고릴라 인형이다. 몸 안에는 기계 장치가 있어 사람들이 지나갈 때마다 마치 인사하듯 몸을 돌리거나 흔들어댔다. 할아버지는 거리를 오가는 사람들이 장난감 가게에 눈길도 주지 않고 그냥 지나치는 모습을 보고 사람들의 관심을 사로잡을 만한 전략을 궁리하다가 이 고릴라 아이디어를 내게 되었다. 커다란 고릴라

인형을 구입해 손수 개조한 것이다.

　여지없이 조는 사람들의 관심을 사로잡았다. 사람들은 장난감 가게 앞을 지날 때마다 고개를 돌려 조를 쳐다보았다. 가던 길을 멈추고 화들짝 놀라 소리를 지르고 펄쩍 뛰는 사람도 있었다. 박장대소가 터지기도 하고 지나가던 행인을 붙잡기도 했다. 그런데 무엇보다 중요한 사실은 조가 사람들을 가게로 끌어들였다는 것이다. 행인들은 무언가 더 보고 싶어 했다. 도대체 가게 안에는 무엇이 있을까? 사람들은 궁금증을 참지 못했다. 말 그대로 월척이었다. 할아버지는 사람들의 관심을 낚는 '후크(hook)' 기술을 이용한 것이다. 할아버지의 후크 덕분에 사람들은 입소문을 내고, 다른 사람을 가게로 데려오고, 가게 문을 나서기 전 장난감을 구매했다.

　할아버지는 손님들이 어쩌다 가게에 방문하는 걸 바라지 않았다. 그렇다고 억지로 호객 행위를 하고 싶지도 않았다. 할아버지는 손님들을 정식으로 초대하고 싶었다. 손님들에게 호기심을 불러일으키고 싶었던 것이다. 물 로켓도 할아버지가 고안한 또 다른 후크였다. 할아버지는 물 로켓을 발사해 인도 한복판에 착륙시켰다. 할아버지와 직원들이 가게 앞에서 커다란 동물 옷을 입고 물 로켓을 쏘아 올렸다. 우리 아버지도 동원되었다. 아버지는 가게 안 유리창 앞에 앉아 접착제와 물감 등을 펼쳐놓고 장난감을 조립했다. 꼬마 아이들은 비행기와 자동차

등을 조립하는 모습을 재미나게 구경했고, 이 광경을 지켜본 손님들도 가게 안으로 들어오고 싶어 했다.

연구 결과에 따르면, 사람의 집중력이 지속되는 시간은 평균적으로 8초라고 한다. 누군가 떠나기 전에, 등을 돌리기 전에, 계산하기 전에 무언가 가치 있다고 확신시키는 데 단 8초가 주어진다는 말이다. 투자자 앞에서 사업을 설명할 때, 회사에서 프레젠테이션을 할 때, 대중에게 광고를 할 때 8초 안에 관심을 끌지 못하면 이미 끝난 게임이다. 그렇다면 어떻게 8초 안에 사람들의 관심을 사로잡을 수 있을까? 아주 좋은 낚시 기술이 필요하다. 진열장에 전시된 고릴라처럼 말이다.

요즘은 어느 때보다도 사람들의 관심이 소중한 시대다. 우리는 모두 바쁘고, 쉽게 산만해지고, 시간이 부족하고, 휴대폰에 얼굴을 파묻고 산다. 사람들이 당신의 가게에 오거나 웹사이트에 방문하거나 좋은 제품과 아이디어를 접하기 전에, 그들에게 충분히 들을 만한 가치가 있는 스토리가 있다는 확신을 심어주어야 한다.

첫인상을 심을 기회는 단 한 번뿐이다

멋진 후크를 던지고 싶은 당신의 마음 충분히 이해한다. 예전에 할리우드 감독들과 경제 매거진 『포춘』에서 뽑은 500인의 CEO에 선정된 기업가들 앞에서 짤막한 강연을 한 적이 있다. 이 사람들을 상대로 어떤 후크를 던질 수 있을까? 뭔가 특별하고 예측 불가능하고 마음을 사로잡고 첨예한 갈등을 불러일으키는 것이 필요하다.

8초 안에 후크로 승부수를 던지려면 "만약에"로 시작하는 시나리오가 도움이 된다. "만약에 슈퍼히어로들이 사람을 구하는 일이 금지된다면 어떨까?" 이 후크는 애니메이션 영화《인크레더블》에 사용되었다. '평범한' 세상에서 위기에 빠진 사람들을 구하는 슈퍼히어로에게 평범하지 않은 상황이 펼쳐진 것이다. 이 후크에 걸려든 관객은 궁금해진다. "왜 슈퍼히어로가 사람을 구하는 일이 금지된 거지?"

"만약에 프랑스 요리 전문가가 꿈인 생쥐가 있다면 어떨까?" 이 후크는《라따뚜이》에 사용되었다. 정말 기상천외하다. 도대체 왜 생쥐가 요리사를 꿈꾼단 말인가?

"만약에 소행성이 지구와 충돌하지 않아 공룡이 멸종되지 않았다면?"《굿 다이노》는 이 질문에서 시작된다. 지구를 향해 날아오는 소행성은 영화에서 시선을 사로잡는 훌륭한 후크다.

"만약에 어떤 아이에게 가장 아끼던 장난감 대신 새 장난감이 생긴다면?" 이는 애니메이션 영화《토이 스토리》에서 첨예한 갈등을 일으킬 후크다.

궁금증을 유발하는 후크는 마법처럼 작용한다. 영화뿐만 아니라 회사 직원들의 사기를 북돋을 때나 제품이나 서비스를 구매하도록 고객의 마음을 움직일 때도 다 통한다.

스티브 잡스는 2001년 아이팟을 소개하면서 이런 후크를 던졌다. "만약에 여러분의 주머니에 수천 곡의 노래를 담아서 다닐 수 있다면 어떻겠습니까?" 당시는 상상도 못한 일이었다. 기껏해야 8~12곡의 노래가 담긴 카세트테이프를 워크맨 같은 휴대용 카세트플레이어로 듣던 시절이었다. 스티브는 8초 안에 사람들의 마음을 사로잡는 기발한 말을 던졌다.

일론 머스크가 테슬라에 사용한 후크도 살펴보자. "만약에 한 기업에서 미적으로 대단히 매력적인 전기 자동차를 만든다면 어떻겠습니까?"

《인크레더블》, 애플, 테슬라 모두 "만약에"라는 훌륭한 후크를 사용해 평범한 세상을 뒤흔들고 사람들의 마음을 사로잡았다. 이 후크는 긍정적일 수도 있고 부정적일 수도 있다. 어떤 후크를 사용할지는 전달하고 싶은 스토리에 달렸다. 테슬라는 긍정적인 후크를 사용해 외관은 화려하나 화석 연료만 사용할 수 있는 자동차 시장에 대안을 제시했다. 《인크레더블》은 부정적인 후크를 사용해 슈퍼히어로가 시민의 생명을 구하는 행위가 금지된다면 세상이 어떻게 바뀔지 묻는다.

8초 안에 승부를 보려면 후크는 간단명료해야 한다. 사람들에게 확신을 주려면 얼마나 말을 많이 할지가 아니라 얼마나 말을 아낄지 고민해야 한다. 알버트 아인슈타인은 이런 말을 남겼다. "단순하게 설명하지 못하면 그 내용을 충분히 이해하지 못한 것이다." 다음은 영화에서 간단명료한 후크를 사용한 좋은 예다.

- 《좋은 친구들》: "내가 기억할 수 있는 가장 오래전부터 나는 늘 갱스터가 되고 싶었다."
- 《토이 스토리》: "자, 나는 강도다! 다들 꼼짝 마!"
- 《페리스의 해방》: "부모님을 속이는 비결은 바로 축축한 손이야. 축축한 손은 아주 훌륭한 비특이성 증상이지. 난 그것 때문에 아주 큰 신뢰를 얻고 있어."

아리아나 허핑턴은 저서 『제3의 성공(Thrive)』에서 첫 문장으로 독자의 마음을 사로잡는다. "2007년 4월 6일, 나는 피를 흥건히 흘린 채 집 사무실 바닥에 쓰러져 있었다." 이 얼마나 매력적인 후크인가!

후크는 시각화할 수도 있다. 영화 포스터나 잡지 사진, 유리 진열장의 고릴라처럼 말이다. 예전에 보험회사에 다니는 어느 여성이 보험 상품을 팔기 위해 찌그러진 노트북을 어떻게 활용했는지 들려준 적이 있다. 그 여성은 보험 상품을 설명하기 직전, 찌그러진 노트북을 고객 앞에서 열었다. 대부분의 고객은 컴퓨터가 왜 그렇게 되었는지 몹시 궁금해한다. 이 호기심이 스토리의 시작이다. 어느 날 차를 운전하고 가던 여성 앞에 갑자기 사람이 불쑥 튀어나오는 바람에 놀란 여성은 급브레이크를 꽉 밟았다. 두 가지 일이 일어났다. 운전하던 여성은 경미한 부상을 입었고, 대시보드에 올려둔 노트북은 차 여기저기를 뒹굴며 찌그러졌다. 여성은 상처를 치료하러 병원에 갔고 건강보험 상품이 실제로 어떤 혜택이 있는지 직접 경험하면서 훌륭한 보험 서비스에 몹시 감동했다. 병원에서는 그 여성이 보험회사 직원이라는 사실을 아무도 몰랐지만 다들 친절하게 대해줬다. 이 사건을 계기로 여성은 자신이 일하는 회사에 진심으로 자부심을 느끼게 되었다.

당신에게도 찌그러진 노트북은 아니더라도 스토리를 시작할 무언가가 있을 것이다. 중요한 연설이나 상품 설명을 앞둔 당신이 활용할 수 있는 시각적 후크는 무엇인가? 의미 있고 기억에 남을 만한 것이 있는가? 회사의 제품이나 비전에 관한 스토리를 이끌어낼 만한 무언가가 있는가?

시각뿐 아니라 후각, 청각, 촉각, 미각 등 다른 감각으로도 청중을 사로잡을 수 있다. 무료 음식이나 사탕, 향수, 핸드크림, 와인 등은 모두 사람들의 관심을 끌거나 대화의 물꼬를 터서 제품 구매나 서비스 이용으로 연결하는 멋진 도구다. 가게에서 흘러나오는 음악이 좋아 홀린 듯 가게로 들어가는 때도 있다. 우리 가족이 운영하는 장난감 가게도 항상 아이들이 좋아하는 영화음악을 틀어놓고, 갓 구워 고소한 향과 맛이 나는 팝콘을 손님들에게 나눠준다. 나무로 만든 기차나 태엽 장난감을 사람들이 직접 체험해볼 수도 있다. '제프리스 토이즈'의 역사를 한눈에 볼 수 있도록 가게 벽에 사진과 그림, 장난감 포스터도 늘 붙여둔다. 후크는 간단명료해야 한다.

로그라인과 엘리베이터 피치

후크는 스토리가 아니다. 후크는 스토리에 구미가 당기도록 만드는 일종의 맛보기 장치다. 후크를 스토리로 전환하려면 로그라인(logline, TV 드라마나 영화, 책 등의 콘셉트 및 방향을 짧고 간결하게 설명하는 것_옮긴이)부터 만들어야 한다. 로그라인은 지난 수천 년 동안 스토리텔링에 사용된 네 가지 요소를 포함해야 한다.

1. 영웅
2. 목표
3. 한 가지 또는 그 이상의 장애물(때로는 악당도 포함됨)

4. 변화

　로그라인은 30초에서 3분 사이에 말해야 한다. 심지어 한 문장으로 끝날 수도 있다. 엔터테인먼트 산업에서는 로그라인을 '엘리베이터 피치(elevator pitch)'라고도 부른다. 엘리베이터에 거장 감독과 단둘이 타게 되었다고 생각해보자. 거장이 내리기 전 짧은 순간에 번뜩이는 아이디어를 소개해야 한다면 어떻게 말하겠는가? 비즈니스에서는 이 로그라인이 기업의 강령이 되기도 한다.

　예를 들어, 애니메이션 영화 《몬스터 주식회사》의 로그라인은 이것이다. "몬스터 세계에서 최고의 '겁주기' 몬스터인 설리는 우연히 인간 아이와 친구가 되면서 아이들이 몬스터에게 해롭지 않다는 사실을 알게 되는데, 이때부터 온갖 위험 즉, 직업을 잃거나 감옥에 가거나 가장 친한 친구와 멀어지게 되는 위험을 무릅쓰고 아이들을 겁주는 행위가 잘못되었다는 사실을 폭로한다." 언뜻 보면 긴 것 같지만 단 한 문장에 영화 전체를 관통하는 메시지가 명료하고 압축적으로 들어 있다.

　　1. 누가 영웅인가?
　　　－설리, 아이들 겁주기 전문 몬스터.
　　2. 목표는 무엇인가?

-아이들을 겁주는 행위가 잘못되었다는 진실을 폭로
해 아이들을 구하는 것.

3. 장애물은 무엇인가?

-직장에서 해고당하는 것, 가장 친한 친구를 잃는 것,
추방당하는 것.

4. 변화는 무엇인가?

-순진했던 설리가 의식이 깨어 있는 몬스터로 변화할
것이다.

페이스북의 로그라인(또는 미션)은 다음과 같다. "사람들이
공동체를 만들고 더 가깝게 지내도록 하여 친구 및 가족과 유
대감을 유지하고, 세상에서 벌어지는 일들을 알며, 자신들에게
무엇이 중요한지 공유하고 표현하게 한다."

1. 누가 영웅인가?

-모든 사람

2. 페이스북의 목표는 무엇인가?

-사람들이 공동체를 만들고 더 가깝게 지내는 것

3. 장애물은 무엇인가?

-세상은 너무 넓어 사람들이 유대감을 유지하기가 어
렵다.

4. 변화는 무엇인가?

　-사람들은 친구 및 가족과 유대감을 유지하고, 세상에서 벌어지는 일을 알며, 자신들에게 중요한 문제를 공유하고 표현할 수 있다.

　개인이든 기업이든 영웅은 목표를 향해 나아가야 한다. 용을 물리치거나, 새로운 고객을 확보하거나, 더 좋은 제품을 만드는 것 모두 목표가 될 수 있다. 영웅은 반드시 장애물과 마주해야 한다. 그래야 관객은 긴장감을 놓지 않고 스토리가 끝날 때까지 몰입하기 때문이다. 장애물은 살인마 광대나 속임수를 쓰는 경쟁자, 빛의 속도에 도달하는 데 실패한 우주선처럼 흐름에 방해가 되는 사건이나 인물, 반전, 꼬인 상황 등이 될 수 있다.

　스토리의 끝에서는 영웅이 변화를 겪게 되는데, 이 과정이 잘 흘러간다면 관객도 변화하게 된다.

　한번 시도해보자. 당신이 최근 함께 일했거나 일하고 싶은 사람 또는 조직의 이름을 적어보자. 그들의 목표는 무엇인가? 목표를 향한 여정에 놓인 장애물은 무엇인가? 당신의 제품, 서비스, 해결책 등이 목표로 가는 데 어떤 도움을 주며 어떤 긍정적 변화를 선사하는가?

　다음에 소개하는 네 가지 로그라인을 살펴보자.

- 만약에 현재 고객과 잠재 고객에게 더 가까이 다가가 더 좋은 영향력을 미칠 데이터를 체계화하는 방법이 있다면 어떤가?
- 만약에 저소득 가정에 무료로 금융 서비스와 프로그램을 제공해 자신의 집을 소유하고 경제적 안정을 확보하는 데 도움을 줄 수 있다면 어떤가?
- 만약에 즐겁게 노는 것이 인생에서 가장 중요한 일인 단순한 시절로 돌아가게 해주는 장난감 가게가 있다면 어떤가?
- 만약에 일상의 쓰레기를 친환경 연료로 바꿔 어떤 드로리안(영화《백 투 더 퓨처》에서 과거와 미래를 오가던 자동차 이름_옮긴이)에도 사용할 수 있다면 어떤가?

마지막 예시는 영화《백 투 더 퓨처》마지막 장면에 나오는 '미스터 퓨전(영화에 나오는 연료 주입 장치_옮긴이)'의 로그라인으로 아마 당신도 잘 알 것이다.

훌륭한 로그라인과 후크를 만드는 법을 배웠으니 이제 2장에서는 캐릭터를 통해 스토리를 변화시키면서 어떻게 사람들의 마음을 계속 사로잡을 수 있는지 살펴보자.

- 관객의 마음을 사로잡는 후크의 시간은 단 8초다.

- 훌륭한 후크는 독특하고, 예측 불가능하고, 행동을 촉구하고, 첨예한 갈등을 일으킨다.

- 아무리 좋은 아이디어라도 최대한 간단명료하게 설명할 수 있어야 한다.

- "만약에"로 시작하는 질문 형태의 후크는 관객을 몰입시키는 훌륭한 방법이다.

- 로그라인을 만들 때는 영웅, 목표, 장애물, 변화를 활용하자.

- 시각적 후크를 활용해 사람들의 시선을 끌자.

2장

변화

변화는 고객의 가슴을 설레게 한다

우리의 내면 어딘가에는

세상을 바꿀 힘이 있다.

로알드 달

1955년 7월 17일, 디즈니랜드가 문을 열었을 때 변화를 약속하는 문구가 황금색 현판에 새겨졌다. 현판은 '지구상에서 가장 행복한 곳'으로 들어가는 정문에 걸렸다. "이곳에서 여러분은 현재를 떠나 과거와 미래 그리고 환상의 세계로 들어가게 됩니다." 월트 디즈니는 매력적인 디즈니랜드에서 고객이 새로운 경험을 하게 될 것이라고 약속했다.

훌륭한 후크가 고객의 눈을 사로잡는다면, 변화의 약속은 가슴을 설레게 하고 계속 귀를 기울이게 만든다. 후크에 관심을 갖게 된 사람들은 이제 그 스토리가 자신을 어떻게 변화시킬지 궁금해한다. 건강? 부자? 행복? 영감? 당신은 사람들에게 어떤 변화를 일으킬 것인가?

우리는 변화의 가능성이 보이면 마음이 끌린다. 새로운 아이디어나 방식을 적용하는 사람들을 보면 그들이 어떻게, 왜 그것을 알아냈는지 궁금하다. 변화는 흥미진진하지만 한편으로는 두렵다. 변화는 우리를 안전지대에서 벗어나게 한다. 변화는 용기와 헌신과 노력을 요구한다.

잠재 고객의 마음을 사든 직원들에게 용기를 불어넣든, 중요한 점은 설득을 통해 상대의 변화를 이끌어내야 한다는 사실이다. 갑작스러운 변화에 저항감을 느끼는 사람도 있을 것이다. 하지만 가슴 설레는 변화를 제안한다면 어느새 저항감은 눈 녹듯 스르르 사라진다.

처음 디즈니랜드라는 아이디어를 선보였을 때, 월트 디즈니는 놀이공원에 관한 고정관념을 바꾸기 위해 엄청난 장비와 헌신과 노력을 쏟아부어야 했다. 대다수의 사람들은 디즈니랜드가 폭삭 망할 거라고 했다. 할리우드와 언론에서는 월트의 놀이공원 아이디어를 두고 "월트의 바보짓"이라고 혹평했다. 월트 디즈니의 형 로이 디즈니(Roy Disney)도 이 프로젝트 때문에 자신들이 파산할 거라 믿었다. 은행조차 월트에게 디즈니랜드 설립 자금을 대출해주지 않았다. 결국 월트 디즈니는 자신의 생명보험과 주택을 담보로 자금을 조달해야 했다. 은행, 투자가, 언론 모두 그의 아이디어가 엉뚱하고 낯설다며 회의적이었다.

월트는 회의론을 뒤집고 사람들을 디즈니랜드에 열광하게 만들려고 여러모로 시도했는데, 그중 하나가 TV쇼인《디즈니의 놀라운 세계(The Wonderful World of Disney)》였다. 매주 일요일 저녁, 월트는 디즈니랜드의 어드벤처랜드, 투모로우랜드, 판타지랜드, 프론티어랜드 등 테마파크를 하나씩 집중 조명해주었다. 예를 들어, 프론티어랜드에서는 데이비 크로켓(Davy Crockett)과 옛 서부 개척 시대의 영웅 이야기로 사람들의 흥미를 끌었다. 판타지랜드에서는 『이상한 나라의 앨리스』 이야기를, 어드벤처랜드에서는 『해저 2만리』 이야기를, 투모로우랜드에서는 미지의 우주에 관한 단편을 선보였다. 디즈니랜드의 이상향을 제시하기 위해 이런 스토리와 함께 콘셉화된 그림도 보여주었다. 다양한 스토리와 시각적 요소들은 마법처럼 빛을 발했고 사람들은 당장 디즈니랜드로 달려가고 싶어졌다!

변화를 강요하는 외부 자극이나 충격적인 사건을 겪지 않고 새로운 것을 시도하는 사람은 15%도 안 된다. 그 외 대다수는 변화를 달가워하지 않는다. 자신에게 유익한 변화라 할지라도 말이다. 이것은 사람들이 변화의 순간 품는 저항감을 최소화해야 하는 이유이기도 하다. 사람들은 손이 닿는 낮은 가지에 열린 열매를 따 먹고 싶어 하지 손도 닿지 않는 높은 곳의 열매는 애써 따려 하지 않는다. 설령 높은 곳의 열매가 더 달콤하고 과즙이 풍부해도 마찬가지다. 아침에 일어나서 "오늘부터 담배를 끊어야겠어"라든지 "오늘은 아이들과 더 많은 시간을 보내야지"라고 다짐하는 사람은 드물다. 사람들은 큰일이 벌어지기 전까지, 가령 심장병에 걸린다거나 아이들이 다 자라 집을 떠나기 전까지는 변화를 미루고 또 미룬다.

그렇다면 어떻게 사람들을 변화시킬 수 있을까?

스토리를 들려주면 된다.

스토리텔링은 사람의 마음과 행동과 철학을 바꾸는 가장 효과적인 방법이다. 왜 그럴까? 사람들은 다른 사람의 행동을 보고 난 다음에 결심을 굳히기 때문이다. 실제 인물이든 허구 인물이든 특정 캐릭터가 신뢰할 만한 변화를 보일 때 관객도 변화한다. 이 과정을 '뉴럴 커플링(neural coupling, 신경 결합)'이라고 한다. 뉴럴 커플링은 화자와 청자의 뇌 활동이 거울처럼 똑같이 일어나는 현상을 말한다. 청자는 화자의 여정이나 스토리 속 캐릭터 변화에 영향을 받는다.

신화, 전설, 동화, 우화, 영화, TV 프로그램, 노래 가사 심지어 냉온수기에 관한 가벼운 대화도 모두 스토리의 형식을 띠고 있다. 이 모든 형식에는 한 가지 공통점이 있다. 스토리 안에 담겨 있는 교훈이 관객의 사고방식을 바꾼다는 것이다. 캐릭터의 변화를 활용하는 것은 관객의 변화를 이끌어내는 최상의 방법이다.

몇 년 전, 어느 금융기관에서 스토리텔링 강연을 한 적이 있다. 강연을 마친 후 눈가가 촉촉하게 젖은 한 남성이 나에게 말을 건네왔다. 남성은 나지막한 말투로 아내와 함께 아이를 갖기 위해 보낸 힘겨운 시간들을 이야기해주었다. 부부는 정신적으로나 육체적으로 지칠 대로 지쳐 있었고 희망의 빛도 바래기 시작했다고 한다. 어느 날 밤에는 심하게 다투는 바람에 이혼 직전까지 가기도 했다. 상황이 걷잡을 수 없이 악화되자 부부는 잠시 다툼을 멈추고 함께 영화를 봤다. 그 영화가 바로 《업》이었다. 12분간의 영화 첫 장면을 보면서 부부는 주인공 부부에게 감정이 이입되어 눈물을 쏟았다. 그 장면에는 사랑에 빠진 젊은 연인이 결혼하고, 가끔씩 다투고, 아이를 갖지 못해 힘들어하는 과정이 담겨 있다. 하지만 영화 속 부부는 서로를 포기하지 않았다. 부부는 아기를 갖지 못하는 대신 다른 곳에 열정을 쏟기로 하고 남아메리카 여행을 계획했다. 영화가 끝나갈 무렵 그 남성과 아내는 서로를 끌어안으며 아기를 갖기 위한 모든 노력과 시도를 중단하고 부부를 위한 삶에 열정을 쏟기로 했다. 그렇게 몇 년이 흐른 뒤, 두 사람에게 뜻밖에도 아기가 찾아왔다. 또다시 몇 년 후 부부는 두 아이의 부모가 되었다. 남성은 나에게 그런 영화를 만들어주어 고맙다고 인사했다.

잘 만든 스토리는 강력한 공감대를 형성한다. 공감이란 정확히 무엇인가? 공감은 타인의 입장, 타인의 관점에서 생각하고 바라보았을 때 생기는 유대감이다.

어떤 목표에 도달하기 위해 악전고투하는 스토리를 제대로 전달할 때 청중은 당신을 응원한다. 그리고 자기 자신에게도 그 응원을 투사해 도달하기 어려운 목표에 다가갈 용기를 얻는다. 변화의 경험이나 성공담은 듣는 사람의 마음을 움직여 변화하고 행동하게 만든다. 회사에서는 직원들이 새로운 일에 도전하게 하고, 고객과 소통하는 방식을 개선하게 하며, 더 자신감 넘치는 리더가 되게 한다. 청중이 스토리 속 캐릭터의 경험과 감정에 깊이 몰입할수록 변화의 원동력도 강해진다.

우리 할아버지는 변화의 힘을 믿었고 그 변화의 힘을 적용한 장난감 가게에서 사람들에게 긍정적 경험을 제공했다. 할아버지는 사람들을 가게로 끌어들였다면 거기에 머물러야 하는 좋은 이유도 제공해야 한다는 사실을 잘 알고 있었다. 낯선 환경 앞에서 머뭇거리는 사람들을 위해 가게 곳곳에서 남녀노소 누구나 테스트용 장난감을 마음껏 가지고 놀게 했다. 심지어 가게 지하에는 거대한 장난감 자동차 경주 트랙도 설치했다. 나선형 미끄럼틀을 타야만 지하로 내려갈 수 있었다. 제프리스 토이즈에서 새로운 변화를 경험한 손님들은 긍정적인 추억을 가득 안고 집으로 돌아갔다. 월트 디즈니가 "기왕 하려면 아주 잘해야 한다. 다시 오고 싶을 만큼, 친구들도 데리고 오고 싶을 만큼"이라고 했던 것처럼 말이다.

당신에게도 스토리로 사람들을 변화시킬 힘이 있다. 짧은 스토리도 좋고 긴 스토리도 좋다. 지어낸 스토리든 실제 스토리든 상관없다. 스토리에는 핵심만 반드시 들어가면 된다. 그 핵심이 사람들에게 변화의 의지를 북돋는 것이다.

혹시 호텔 욕실에 놓인 작은 쪽지를 본 적 있는가? 환경보호를 위해 수건을 재사용해달라는 부탁의 글이 적힌 쪽지가 있다. 쪽지에는 만약 새 수건을 요구하면 별도의 비용이 청구된다고 나와 있다. 이 쪽지는 별 효과가 없어 보인다. 그런데 조금 다른 접근 방식을 이용하는 일부 호텔에서는 고객들의 반응이 좋다. 쪽지에는 이 방에 투숙하는 고객의 50%가 수건을 재사용한다고 적혀 있다. 결과는 어떨까? 호텔의 수건 재사용률이 75%로 껑충 뛰어올랐다. 사람들은 대부분 자신이 속한 공동체의 흐름을 따라가기 마련이다. 같은 호텔 방을 사용한 낯선 이들의 흐름도 따른다. 우리는 어떤 결정을 내릴 때 일시적 유행, 가까운 친척, 경쟁자 등 타인의 행동을 의식한다.

스토리 속 영웅이 반드시 인간이어야만 공감대를 형성하는 것은 아니다. 우리는 어떤 영웅에게든 반응한다. 장난감, 자동차, 로봇, 생쥐 등 변화를 앞둔 모든 캐릭터에 공감한다. 유대감을 형성할 만한 인간적 속성만 있으면 된다.

예컨대, 디즈니 영화《카》에 등장하는 오만한 라이트닝 맥퀸은 오로지 피스톤컵 우승만 목표로 하는 경주용 자동차다.

그런데 레이에디터 스프링스 지역에서 곤경에 빠지고 만다. 라이트닝은 일련의 사건을 겪고 여러 자동차를 만나면서 우정의 중요성을 깨닫는다. 인생에는 우승 말고도 더 중요한 목표가 있다는 교훈도 얻는다. 자만심 가득한 자동차에서 온정 넘치는 자동차로 변모한다. 라이트닝은 배려를 배운다. 관객도 라이트닝을 보면서 배려를 배운다.

《몬스터 주식회사》에서 최고의 겁주기 몬스터였던 설리는 우연히 어린 소녀와 친구가 되면서 아이들이 위험하지도 사악하지도 않다는 사실을 깨닫게 된다. 관객은 직장과 동료를 잃을 위험을 무릅쓰는 설리에게 안타까움을 느끼며 아이를 구하기 위해 노력하는 모습에 더욱 크게 공감한다. 《몬스터 주식회사》는 용기를 주제로 한 스토리다. 설리가 안락한 상태를 박차고 나온 이유는 옳은 일을 해야 한다는 걸 깨달았기 때문이다. 이 장면을 보는 우리도 설리와 함께 용기를 얻는다.

픽사의 영화들은 세계적으로 성공했다. 뛰어난 컴퓨터 그래픽 애니메이션과 기술적 요소 때문만은 아니다. 물론 누구나 섬세하게 표현된 동물 털이나 옷, 피부(이 부분은 매우 중요하다)에 감탄한다. 하지만 픽사의 영화들이 큰 성공을 거둔 진짜 이유는 변화를 감수하는 캐릭터의 흡입력 강한 스토리가 있기 때문이다. 스토리텔러가 역할만 잘해주면 스토리 속 캐릭터의 변화가 관객의 변화로 이어진다. 관객이 실제로 남을 더 많이 배려하거나 더 큰 용기를 내도록 도와주는 것이다. 이런 결과까지는 못 미치더라도 변화를 맞닥뜨린 다른 이의 말에 더 귀 기울이고 더 깊이 공감하게 된다.

훌륭한 스토리는 책이나 영화에만 국한되지 않는다. 비즈니스에서도 대단히 유용한 도구가 된다. 스포츠화나 건강 제품 광고에서는 운동과 식습관 개선을 통해 인생을 더 건강하게 살아가는 사람들을 보여준다. 사람들에게 변화의 의지를 심어주는 광고는 훌륭한 스토리텔링의 결과물이다. 주제가 무엇이든, 대상이 누구든, 형식이 어떠하든 스토리텔링은 사람들에게 용기를 심어주고 변화의 의지를 길러준다.

그렇다면 해피엔딩이 감동의 필수 요건일까? 꼭 그렇진 않다. 대부분의 사람들은 좋은 쪽으로 변화한 등장인물이 해피엔딩을 맞이하는 할리우드식 결말을 좋아하지만 슬프고 어두운 결말로 끝나는 스토리도 있다. 이런 스토리는 뼈아픈 교훈을 줄 뿐 아니라 관객에게 자신의 삶에서 더 나은 무언가를 갈망하게 만든다. 비극적이고 경종을 울리는 스토리는 관객이 자기 자신을 돌아보며 '저런 일이 나에게도 일어날 수 있을 거야'라고 생각하게 만든다. '남의 떡이 더 커 보이는' 스토리도 있다. '나도 부자였으면' 또는 '내가 신이 될 수 있다면' 또는 '세상 모든 여자들이 무슨 생각을 하는지 알았으면' 하는 생각이 들게 한다. 이런 스토리도 귀중한 교훈을 전한다. 거짓말하지 말라.

지나친 욕심을 버려라. 헛된 소망을 품지 말라. 방황하지 말라.

만약 당신이 ＿＿＿＿＿＿＿＿＿＿＿ 한다면 어떻게 될지 생각해보라(빈칸은 각자 채워보자).

1995년《토이 스토리》가 세상에 나와 큰 성공을 거두자 직원들은 픽사에서 실사영화도 직접 제작할 수 있지 않을까 생각했다. TV 프로그램도 만들 수 있지 않을까? 컴퓨터게임도 만들 수 있지 않을까? 직원들은 픽사를 스타트업에서 디즈니 같은 세계적인 미디어 기업으로 도약시킬 준비가 되어 있었다. 우리의 머릿속은 복잡했다.

이런 뒤숭숭한 분위기를 가라앉히기 위해 스티브 잡스는 경종을 울리는 이야기를 들려주곤 했다. 직원들이 업무에 집중하고 회사가 파산 위기에 내몰리지 않도록 그는 직원들에게 이런 말을 했다. "애플이 갓 시작한 당시 팀원들과 저는 실리콘밸리에 있는 어느 샌드위치 가게를 자주 갔어요. 가족이 운영하는 아주 작은 가게였는데 샌드위치 맛이 그 일대에서 최고였죠. 샌드위치가 너무 맛있다 보니 어떤 날은 샌드위치 하나 먹으려고 무려 40분이나 줄을 서서 기다리기도 했습니다. 그런데 장사가 점점 잘되자 사장은 커피와 페이스트리도 팔기 시작했어요. 인근의 스타벅스나 크리스피크림 같은 대형 체인 업체와 경쟁하기 위해서였죠. 안타깝게도 커피와 페이스트리는 그저 그랬고 그 가게의 상징인 샌드위치에 쏟던 세심한 정성도 점점 약해졌습니다. 우리는 더 이상 그 가게에 가지 않게 되었어요. 몇 달 뒤, 가게는 문을 닫더군요. 노력과 정성을 잘게 쪼개서 쓰다가 결국 사업을 접게 된 거죠."

스티브의 스토리가 전하는 메시지는 뚜렷했다. 자만하지 말라.《토이 스토리》가 세계적인 성공을 거두긴 했지만 우리의 노력이 지나치게 여러 곳에 빠르게 분산되다 보면 자칫 모든 것을 잃을 수 있다는 경고였다. 우리가 집중해야 할 일은 진짜 좋은 가족 애니메이션 영화를 만드는 것이었다. 스티브는 직원들에게 메시지를 전달하는 방법을 잘 알고 있었다. 변화의 시점에서 지혜를 깨우쳐주는 스토리를 활용한 것이다. 정말 그는 타고난 스토리텔러다.

하지만 스토리가 해피엔딩이든 그리스 비극이든 캐릭터는 반드시 꼭대기와 바닥, 희망과 고난을 겪어야 한다. 어떤 내용이든 스토리는 얌전하게 흘러가서는 안 된다. 캐릭터는 반드시 변화해야 한다. 그렇지 않으면 스토리는 힘을 잃고 사람들의 관심도 순식간에 사라지고 만다. 윌 로저스는 이런 상황을 잘 표현했다. "옳은 길에 있어도 그냥 그 자리에 주저앉아 있으면 차에 치일 것이다."

캐릭터아크

캐릭터가 두려움, 한계, 난관, 상처 등을 거치면서 맞이하는 변화를 '캐릭터아크(character arc, 인물호)'라고 한다. 《토이 스토리》 초반부에 우디는 버려질지도 모른다는 두려움 때문에 다소 지배적이고 오만한 캐릭터로 나온다. 그러다가 영화 후반부에서는 다른 사람을 배려하고 장래에 만족하는 법을 깨닫는다. 이것이 우디의 캐릭터아크다. 캐릭터아크는 대체로 다음과 같이 전개된다.

1. 스토리는 어느 평범한 날에서 시작된다.
2. 스토리 속 캐릭터가 낯선 세계로 들어가 자신의 사고 방식과 다른 여러 등장인물과 장애물을 만나게 된다.
3. 스토리 후반부에 캐릭터는 스토리가 처음 시작된 지점 으로 돌아오지만 이전과는 여러모로 달라져 있다.

캐릭터아크는 단순히 사건이나 난관을 보여주려는 것이 아니라 위협적인 장애물을 마주한 캐릭터가 자신의 가치관과 열정을 지키기 위해 어떻게 노력하는지 보여주기 위한 장치다. 이런 상황에서 부와 성공과 친구를 잃기도 하고, 실패하지 않으려는 시도가 무산되기도 하고, 경쟁에서 지기도 하고, 좋은 성적이나 평가, 조직, 정의, 열정, 사랑, 배경, 생산성, 권력, 겸손 등을 잃기도 한다.

다음은 또 다른 캐릭터아크 방식이다.

캐릭터는 누구인가 / 캐릭터는 어떤 교훈을 얻는가 / 캐릭터는 어떻게 되는가

- 자부심 가득한 경주용 차 / 배려 / 공감 능력이 있는 경주용 차
- 불안한 왕 / 용기 / 자신감 있는 왕
- 나쁜 아버지 / 배려 / 좋은 아버지
- 순진한 몬스터 / 용기 / 의식이 깨어 있는 몬스터

당신의 스토리는 어떤 캐릭터에서 출발하는가? 스토리 마지막에 캐릭터는 어떻게 변해 있는가? 당신의 캐릭터는 회사의 제품이나 서비스의 도움으로 당면한 어려움을 극복해 변화를 맞은 고객인가? 당신과 팀은 프로젝트를 완수하며 함께 배우고 성장했는가? 생애 처음으로 부모가 되면서 변화하게 되었는가?

A, B, C 스토리

하나의 스토리에서 두 명 이상의 캐릭터가 변화하기도 한다. 《토이 스토리》에서는 우디가 주인공이지만 버즈 라이트이어도 변화한다. 우디가 배려와 겸손을 배운다면, 버즈는 자신이 '진짜' 우주의 전사가 아닌 한낱 장난감에 불과하다는 사실을 깨닫고 좌절하다가 여전히 자신이 주인에게 중요한 존재임을 깨닫는다. 우디의 캐릭터아크가 A 스토리라면 버즈의 캐릭터아크는 B 스토리다. C 스토리도 있다. 《토이 스토리》에 등장하는 포테이토 헤드, 렉스, 슬링키 등 다른 장난감들도 주인이 이사를 가면서 변화에 직면하고 여기서 용기를 배운다.

- A 스토리는 전체의 60%를 차지해야 한다.
- B 스토리는 전체의 30%를 차지해야 한다.
- C 스토리는 전체의 10%를 차지해야 한다.

《토이 스토리》에서는 우디, 버즈, 기타 장난감들이 각각 이런 비율로 역할을 맡았다. 영화나 연극, 드라마를 보면 이처럼 A, B, C 스토리가 반복적으로 나오는 것을 볼 수 있다. 단, 스토리의 개수가 너무 많으면 관객이 혼란스럽고 헷갈릴 수 있다. 반대로 개수가 너무 적으면 관객이 지루해한다. 나는 30초~5분 분량의 짧은 이야기는 A 스토리 또는 A와 B 스토리로만 구성한다. 대부분 짧은 이야기는 주인공과 그 여정을 함께하는 조연 정도만 등장하기 때문이다. 15분~90분 분량의 장편을 만들 때는 A, B 스토리에 C 스토리도 넣는 것이 좋다. 그래야 관객의 관심을 계속 끌 수 있다.

발표나 회의, 비즈니스 행사에서 스토리를 활용할 때는 회사의 이야기와 여러 프로젝트, 팀, 고객 사이의 캐릭터아크를 빠르게 전환하는 것이 좋다. 이 방법을 통해 청중은 정보를 파악하고, 호기심을 갖고, A, B, C 스토리에서 펼쳐지는 변화의 흐름과 보조를 맞추게 된다. 여러 스토리의 집중도를 높이기 위해 한두 명의 파트너와 함께 진행하는 것도 방법이다. 가령, 한 사람이 회사 이야기(A 스토리)를 하면 다음 발표자는 프로젝트 이야기(B 스토리)를 하고 다른 발표자는 팀과 고객 이야기(C 스토리)를 하는 것이다. 장시간 발표나 프레젠테이션을 진행할 때는 팀 단위의 발표 방식이 청중을 몰입시키고 청중과 함께 변화의 흐름을 타는 훌륭한 방법이다.

수천 년 동안 엔터테인먼트, 정치, 비즈니스 등 각 분야의 뛰어난 리더는 대중에게 새로운 소식을 전할 때 스토리텔링 기법을 활용했다. 당신은 자기 자신, 기업, 제품, 솔루션, 서비스 등을 알리기 위해 어떤 변화 내용을 스토리에 담고 싶은가?

- 훌륭한 후크는 관심을 사로잡지만, 변화의 암시는 청중을 설레게 한다.

- 위험을 감수하거나 남보다 일찍 변화를 시도하는 사람은 전체에서 15%에 불과하다. 나머지 85%는 변화를 위한 동기부여가 필요하다.

- 스토리를 통해 변화를 자극할 수 있다. 스토리 속에서 변화를 겪는 캐릭터는 공감대를 불러일으킨다.

- 변화의 과정이 담긴 스토리는 책이나 영화에서만 구현할 수 있는 것이 아니다. 수년 전부터 성공적인 기업에서는 매력적인 스토리를 활용하고 있다.

- 캐릭터가 겪는 변화를 '캐릭터아크'라고 부른다. 캐릭터는 두려움, 한계, 난관, 상처 등 온갖 어려움이 펼쳐지는 캐릭터아크를 겪는다.

- 캐릭터아크는 단순한 사건이나 난관이 아니라 위협이 되는 장애물을 딛고 자신의 가치관과 열정을 진심으로 지키려는 힘겨운 과정을 의미한다.

- 장시간의 발표나 프레젠테이션을 할 때 청중을 계속 몰입시키려면 A, B, C 스토리를 요령 있게 섞어야 한다.

- 당신이 들려주고 싶은 캐릭터의 변화와 교훈은 무엇인가? 이런 스토리에는 성공담, 추천장, 캠페인 이야기, 기업의 역사, 개인 이야기 등이 포함된다.

3장

교감

당신의 고객은 어떤 사람인가

자기와 상관없는 이야기에는
누구도 귀 기울이지 않는다.

존 스타인벡

월트 디즈니는 세상을 떠나기 얼마 전 임원진을 위한 짧은 영상을 제작했다. 이 영상은《백설 공주》,《판타지아》등 디즈니 초기 작품들을 촬영한 디즈니 스튜디오의 촬영감독인 윌리엄 하이(William High)가 촬영했다. 월트의 장례식을 치른 직후 디즈니의 임원진 전체가 모인 자리에서 첫 번째 영상이 상영되었다. 영상에서 월트는 모든 임원의 이름을 한 명 한 명 불렀고 이따금 해당 임원의 자리를 손으로 가리키기도 했다. 월트는 각각의 임원에게 기대하는 바를 이야기했다. 월트가 무덤에서 들려준 프레젠테이션이 끝났을 때 모든 이의 눈가가 촉촉하게 젖었다.

특정 분야의 직원들을 위해 만든 5분 분량의 짧은 영상은 월트가 세상을 떠난 지 6개월 후 공개되었다. 각 부서의 임원들을 위해 만든 영상의 최종 편은 월트 타계 2주기에 공개되었다. 월트는 직원, 동료, 고객과 진심 어린 교감을 나눌 때 생기는 힘을 믿는 사람이었다. 자신이 죽은 뒤에도 그 힘은 유효하다고 믿었다.

여기서 중요한 질문을 떠올려보자. 누가 당신의 청중인가? 당신이 유대감을 쌓으려고 노력하는 대상은 누구인가? 그는 기혼인가, 미혼인가? 연령대와 성별은 어떻게 되는가? 투자가인가, 고객인가, 동료인가? 그는 어디에서 왔으며 어디로 가고 있는가? 스토리를 전달하려면 청중의 열정, 고민, 습관, 특이점 등을 알아야 한다. 이런 정보가 없다면 아무리 좋은 스토리를 만들어도 대상과 상관없는 이야기만 늘어놓게 된다.

엔터테인먼트 회사나 마케팅 회사는 스토리나 메시지를 만들기 전에 대중을 연구하고 파악하기 위해 수백만 달러를 지출한다. 물론 이렇게 크게 지출하지 않을 수도 있지만, 청중을 잘 알지 못하면 모든 노력이 물거품 되거나 실패할 확률이 높아진다. 자료 수집은 인간의 행동이나 상호작용에 관한 패턴, 흐름, 관계를 파악해 대상과 교감하는 가장 좋은 방법이다. 쇼핑 습관, 제품 충성도, 선호도, 즐거움, 두려움, 신념, 잠재적 위험, 꿈까지 모든 자료를 수집해야 한다.

지금부터는 엔터테인먼트나 비즈니스에서 특정 부류의 대중 또는 좀 더 일반적인 대중과 효과적으로 유대감을 쌓는 구체적 방법을 살펴보자.

몇 년 전, 오랫동안 우리 가족이 운영해오던 장난감 가게의 미래에 암울한 그림자가 드리운 적이 있다. 샌프란시스코에서 60년 넘게 한 장소에서 영업을 했는데, 어느 날 건물 주인이 '제프리스 토이즈'를 내쫓고 다른 체인점에 세를 줄 요량으로 임대료를 네 배나 올렸다. 새로 임대 계약을 맺을 여력이 없던 아버지는 가게 문을 닫는 것 말고는 딱히 방법이 없었다.

그로부터 몇 년 후 나는 아버지에게 전화를 받았다. 아버지는 샌프란시스코에 새로 가게를 열 만한 완벽한 장소를 찾았다고 했다.

"잠깐만요. 아버지 은퇴하신 거 아니었어요?" 내가 묻자 아버지는 웃으며 새로 찾은 곳이 유니언스퀘어에서 도보로 5분 거리밖에 되지 않는다고 말했다. 유동 인구도 꽤 많고 가게 면적도 아주 넓다고 했다. 하지만 한 가지 중요한 문제가 있었다. 그곳 건물주가 이미 카페 체인점을 들이기로 했다는 것이다. 아버지는 나에게 건물주를 찾아가서 기막힌 설득 전술로 그의 마음을 바꾸어줄 수 있냐고 물었다. 뾰족한 수가 떠오르진 않았지만 일단 해보겠노라고 했다.

스토리를 구상하기에 앞서 먼저 건물주의 정보가 필요했

다. 일단 그 사람과 개인적인 유대감부터 쌓아야 했다. 그가 무엇을 좋아하고 싫어하는지, 가족과 나이는 어떻게 되는지 여러 정보가 필요했다.

그의 가족은 미국 남북전쟁 이후 줄곧 샌프란시스코에서 살았다. 그가 마음이 약해지는 지점은 가족과 가문의 역사였다. 조부모와 증조부는 유대인이었다. 미술 작품과 그림을 수집하고, 도시의 다양성과 도시 문화를 좋아하는 사람이었다. 이런 정보들을 수집하고 나니 비로소 건물주와 만날 준비가 된 기분이 들었다.

주인과 만나기로 한 날, 나는 사진 몇 장과 물건 몇 가지를 챙겼다. 건물주의 사무실에 도착해 먼저 이렇게 시간을 내줘서 고맙다는 인사를 건넸다. 나는 사무실 벽에 걸린 수십 장의 오래된 가족사진을 유심히 살피며 관심을 보였다. 그러자 주인은 가족이 60년 넘게 샌프란시스코에 살고 있다고 했다. 그 말에 깊은 인상을 받은 나는 우리 가족도 샌프란시스코에서 5대째 살고 있다고 말했다. 몇 분 동안 우리는 가족 이야기를 주고받으며 즐거운 대화를 나눴다. 그러고 나서 나는 증조부가 25년 동안 샌프란시스코에 있는 시계 수리점에서 수리공으로 일했는데 어느 날 사장이 증조부가 유대인이라는 사실을 알고는 하루아침에 해고했다는 이야기를 했다. 건물주도 자신의 유대인 증조부가 겪은 고초를 이야기했다.

주인은 나에게 증조할아버지가 해고당한 뒤 어떻게 되었느냐고 물었다. 나는 당시 해결책을 제시한 것은 증조할머니인 버디였다고 대답했다. 증조할머니의 제안으로 두 분은 '천냥백화점' 비슷한 작은 잡화점을 열었다. 투자할 돈도 넉넉지 않은 데다 유대인이 지역 주민 대부분인 가난한 마을이었기에 수입은 가까스로 입에 풀칠만 할 정도였다. 그렇게 두 분은 우리 할아버지와 작은할아버지인 매니와 조엘 두 아들을 고등학교에 보냈다. 가게의 이름은 '버디네 잡화점'이었다. 주로 화장품, 화분, 프라이팬, 양말, 실, 기념 카드, 장난감 등 저렴한 제품을 취급했다. 하지만 단순한 가게는 아니었다. 두 분은 가게에 오는 손님 누구라도 정성껏 대했고 가게에는 다양한 사람들이 모여들었다. 작은 가게는 점점 커져갔다.

할아버지 매니와 작은할아버지 조엘은 고등학교를 졸업한 뒤 제2차 세계대전에 자발적으로 참전했다. 그 시절 대다수 참전 용사들이 그랬듯 전쟁이 끝난 후 고향으로 돌아온 두 형제는 각각 결혼해 자녀도 낳았다. 할아버지의 자녀들은 장난감을 갖고 싶어 했다. 천냥백화점에는 주방용품과 공구, 실과 바늘 등 품목이 점점 줄고 장난감이 점점 늘었다. 우리 가족은 잡화점을 장난감 가게로 바꿨다. 가게 이름은 '버디스 토이 하우스(Birdie's Toy House)'였다.

장난감 수요가 점점 늘면서 우리 가족의 장난감 가게 개수도 점점 늘어났다. 할아버지와 작은할아버지는 가게를 다섯 개까지 늘렸다. 당시만 해도 샌프란시스코에서 가족이 운영하는 장난감 체인점으로는 가장 큰 규모였다. 고용해야 할 직원 수도 점점 늘었다. 채용 기준은 도덕성과 장난감에 대한 애정이었다. 성별, 인종, 종교는 전혀 고려하지 않았다.

우리 가족의 스토리를 들려주면서 나는 준비해 온 가게 사진과 손님과 함께 웃으며 즐거운 시간을 보내는 직원들의 사진을 보여주었다. 건물주의 입가에 미소가 번졌다. 그러다가 아버지가 터무니없이 치솟은 임대료를 감당하지 못해 쫓겨나다시피 나와야 했고 샌프란시스코에서 우리 가족이 운영하던 장난감 가게는 문을 닫았다는 이야기를 하자 방 안에는 침울한 분위기가 감돌았다.

스토리에 깊이 몰입한 건물주는 이야기가 어떻게 끝날지 궁금해했다. 분위기가 롤러코스터를 타듯 좋았다가 가라앉았다가를 반복하면서 건물주의 몸에서는 행복 호르몬인 도파민과 엔도르핀, 슬픔 호르몬인 옥시토신이 급격하게 분비되었다. 몹시 조마조마해하는 건물주 앞에서 나는 스토리를 이어갔다.

"정말 좋은 건물을 가지고 계신데, 카페 체인점에 세를 주는 것이 더 쉽다는 것 잘 압니다." 나는 잠깐 말을 멈췄다. "하지만 샌프란시스코에 정말 또 다른 카페가 필요할까요? 샌프란시스코에 카페 말고 다른 것이 생긴다면, 카페보다 훨씬 더 다양성과 창의성을 제공하는 장난감 가게가 생긴다면 정말 멋지지 않을까요? 단순히 장난감만 파는 것이 아니라 아이와 가족을 위한 다양한 만화 수업과 창의적인 활동을 즐길 수 있는 그런 곳 말이에요. 장난감 하나로 사람들을 행복하게 해주는 곳은 어떠세요?" 건물주는 빙그레 미소를 지었다.

"그럼, 그렇게 합시다." 주인은 마음을 바꿨다. 개인적으로 공감대를 형성할 수 있는 스토리를 활용했기 때문이다.

건물주가 마음을 바꾼 이유는 장난감 가게 그 이상의 것을 팔았기 때문이다. 나는 그에게 나와 내 아버지의 스토리를 팔았다. 스토리나 메시지의 큰 부분을 차지하는 것은 나 자신이다. 내가 누구인지, 어떤 성격을 가졌는지, 어떤 경력을 쌓았는지, 목소리, 환경, 열정 등이 어떤지가 큰 부분을 차지한다.

메시지나 가벼운 스토리를 준비하기에 앞서 반드시 대상을 파악해야 한다. 예컨대, 누군가 당신에게 구체적으로 어떤 일을 하느냐고 묻는다면 상대에게 걸맞은 대답을 들려주어야 한다. 부모님 연배의 사람과 이야기를 나눈다면 그 세대가 공통으로 느낄 만한 동질감을 활용해 교감해야 한다. 상대가 어떤 사람인지, 해야 할 말이 무엇인지 잘 모른다면 결국 '쇠귀에 경 읽기'가 된다. 청중의 규모도 고려해야 한다. 여섯 명이 모인 비즈니스 모임인지, 50명 앞에서 진행하는 홍보 연설인지, 수천 명이 보는 웹사이트나 광고인지 파악해야 한다.

보편적 주제

픽사에서 일하는 내내 나의 가장 중요한 화두는 가능한 한 많은 이의 마음을 사로잡는 스토리였다. 이런 스토리 제작은 어떻게 해야 할까? 바로 보편적 주제가 답이다. 누구나 가지고 있는 정서인 두려움과 욕망을 토대로 하는 것이다. 보편적 주제는 성별, 나이, 문화를 초월해 유대감을 형성한다.

인간은 태어나면서부터 버려지는 것에 대한 두려움을 가지고 있다. 엄마는 어디 있지? 아빠는 어디 있지? 인간은 본능적으로 부모(또는 부모 같은 존재)를 의지한다. 《토이 스토리》 시리즈는 '버려짐'이라는 주제를 다룬다. 여느 선한 주인공처럼 우디에게도 바라는 것이 있다. 자기 주인인 꼬마 아이의 사랑이다. 우디는 버려지는 걸 두려워한다. 《토이 스토리》 초반에 우디는 반짝반짝 빛나고 멋진 기능으로 무장한 신상품 장난감 버즈 라이트이어에게 자신의 자리를 빼앗길까 봐 전전긍긍한다. 《토이 스토리 2》에서는 팔이 망가지고 점점 낡아가는 우디가 주인에게 버림받을까봐 불안해하는 모습으로 나온다. 《토이 스토리 3》에서 우디의 주인은 18살이 되어 대학교로 떠난다. 우디는 이제 버려지는 두려움과 직면해야 한다. 이 과정에서 우디는 누군가와 물리적으로 영원히 함께하지는 못하지만 마음만은 늘 함께할 수 있다는 사실을 깨닫는다. 주인이 어디론 가 멀리 떠나거나 훌쩍 자라 어른이 된다 해도 늘 정신적으로 함께할 수 있다는 사실을 알게 된다.

사랑과 소속감에 대한 열망은 수천 년 동안 스토리텔링에 서 사용된 여섯 가지 주요 주제 중 하나다. 여섯 가지 주제는 다음과 같다.

1. 사랑과 소속감

2. 안전과 안정

3. 자유와 자발성

4. 권력과 책임

5. 즐거움과 재미

6. 인식과 이해

가령, 《니모를 찾아서》에서 주인공 말린은 아들 니모를 과 잉보호하지 않으려고 애쓰면서도 한편으로는 니모의 '안전과 안정'을 간절히 바란다.

《인크레더블》의 미스터 인크레더블은 좋은 남편이자 아버 지로 살아가지만 은퇴 후 지루한 삶을 보내며 다시 한번 슈퍼 히어로가 되고 싶어 한다. 이런 그가 바라던 것은 '자유와 자발 성'이다.

《카》에서 라이트닝 맥퀸은 '권력과 책임'을 열망한다. 피스톤 컵에서 우승하기를 간절히 바라던 그는 다른 한편으로 우정과 삶을 즐기는 태도가 얼마나 중요한지 깨닫는다.

《인사이드 아웃》의 기쁨이는 늘 인생이 '즐거움과 재미'로 가득하기를 바라지만 온전한 삶은 슬픔, 분노, 두려움, 짜증 같은 여러 감정을 포용하는 것임을 깨닫는다.

이 영화들이 성별과 나이, 문화를 초월해 관객과 유대감을 쌓은 이유는 보편적 주제를 담았기 때문이다. 스토리나 메시지를 전달할 대상과 유대감을 쌓아야 한다면 이런 보편적 주제를 하나 이상 담는 것이 좋다.

예컨대, 자동차 마케팅을 생각해보자. 단순히 수치와 자료에만 집중해 홍보할 것이 아니라 대상 고객이 공감할 수 있는 보편적 주제가 담긴 스토리를 활용하면 도움이 된다.

메르세데스 벤츠는 최근 '눈 오는 날 데이트' 광고에서 '안전과 안정'이라는 주제를 녹여내 대중의 공감을 얻었다. 첫 장면에서는 눈이 펑펑 내리는 궂은 날씨에 운전하기를 꺼리는 아버지와 영화관에 가자는 십 대 아들이 등장한다. 차를 타고 영화관에 가면서 아버지는 이렇게 말한다. "눈 한번 제대로 내리네." 그러자 아들이 대답한다. "그 애는 꼭 올 거예요." 그제야 관객은 아들이 데이트를 하러 가는 길임을 알게 된다. 험한 눈길에서도 벤츠 자동차는 매끄럽고 안정감 있게 질주한다. 마침내 부자는 영화관에 무사히 도착하지만 아들과 데이트하기로 약속한 여자 친구는 보이지 않는다. 상심한 아들에게서 보편적 주제인 '사랑과 소속감, 버려짐'의 정서가 느껴진다. 아버지는 안타까운 표정으로 아들을 바라보며 함께 영화관을 나서 세워둔 벤츠 쪽으로 가려는데, 저 멀리 차 한 대가 눈보라를 뚫고 영화관 쪽으로 온다. 여자 친구였다. 여자 친구도 벤츠 SUV를 타고 무사히 영화관에 도착한 것이다. 두 십 대 커플은 수줍게 "안녕" 인사를 나누고는 영화관으로 함께 들어간다.

하나의 스토리 안에 한 가지 보편적 주제를 담을 수도 있고 여러 주제를 함께 담을 수도 있다. 당신은 관객이나 독자, 청중에게 늘 다가가 그들의 관심사를 파악해야 한다. 사람의 열정과 고난은 변화하기 때문에 그 흐름에 맞춰 주제도 달라져야 한다.

당신의 고객은 누구인가

디즈니랜드가 개장한 지 10년이 지난 시점에 월트 디즈니에게 한 가지 문제가 생겼다. 디즈니랜드의 이용객 수가 감소하고 있었던 것이다. 왜 그랬을까? 인구통계학적 이유 때문이다. 몇 년 동안 디즈니랜드를 찾았던 아이들이 자란 것이다. 십 대가 된 아이들은 관심사가 바뀌었다. 십 대들의 눈에 매직 킹덤은 그저 어린아이를 위한 유치한 놀이터였다. 디즈니는 십 대 딸 다이앤에게 물었다. "디즈니랜드에 뭐가 있으면 오고 싶겠니?" 그러자 딸이 단 한마디로 답했다. "남자애들이요." 월트 디즈니의 머릿속에 전구가 탁 켜지는 순간이었다. 십 대가 무엇을 원하는지 비로소 알게 되었다. 십 대는 음악과 춤, 밤에 펼쳐지는 삶을 원한다. 월트 디즈니는 음악과 춤을 도입해 '디즈니랜드 야간 개장'을 만들었다. 그러자 이용객 수가 두 배로 껑충 뛰었다. 디즈니랜드 야간 개장을 다룬 다큐멘터리도 제작했다. 고객과 교감하기 위한 노력을 한순간도 게을리 하지 않았고 직원들이 탁상공론만 벌이는 것도 원치 않았다. 월트 디즈니는 직원들에게 이런 말을 종종 했다. "책상 앞에만 앉아 있지 않았으면 합니다. 디즈니랜드에 가서 직접 이용객이 뭘 하는지 보고, 어떻게 하면 그들을 더 즐겁게 해줄 수 있는지 찾아보세요."

청중과 교감해야 한다고 해서 영감을 주는 방법을 법칙이나 공식으로 만들어야 하는 것은 아니다. 꼼꼼히 사람들을 관찰하고 어느 포인트에서 감동하는지 발견하는 것이 중요하다. 명심하자. 얼마든지 지금보다 더 깊이 교감할 수 있다.

픽사에서는 영화를 공개하기 전에 작품이 대중과 잘 교감할 수 있는지 파악하기 위해 평가단에게 미리 작품을 공개했다. 주인공이 잘 드러나는지, 주인공이 원하는 바는 분명한지,

이야기의 주제는 잘 전달되는지 등을 파악하기 위해서다. 우리는 평가단의 피드백에 귀 기울여 필요한 부분을 수정했다. 이 평가단도 영화 제작자의 일원으로서 스토리를 개선하는 데 큰 도움을 주었다.

하지만 관객의 반응 때문에 새로운 아이디어가 위축되는 것도 원치 않았다. 관객이 더 자극적인 폭발 장면을 원한다고 해서 90분 내내 폭발 장면이 펼쳐진다면 사람들은 영화를 보는 중간에 나가버릴 것이다. 즉, 피드백에 지나치게 눈치 보느라 발전과 혁신을 가로막아서는 안 된다는 말이다.

답사 여행(research trip)은 청중과 교감하고 스토리에 진심을 담기에 아주 좋은 방법이다. 《카》를 처음 제작할 당시 우리는 '66번 국도'의 역사부터 알아야 했다. 66번 국도라고 하는 장소가 스토리에서 차지하는 비중이 매우 컸기 때문이다. 66번 국도는 자동차 여행과 미국의 서부 개척 초기 역사를 상징하는 유서 깊은 도로다. 이 도로 근처에는 어떤 사람들이 사는가? 그들은 어떤 삶은 사는가? 도로는 어떤 모습인가? 얼마나 변했는가? 이를 파악하는 가장 좋은 방법은 직접 겪어보는 것이므로 스토리 제작팀은 짐을 꾸려 사우스웨스트로 가서 2주 동안 머물렀다. 66번 국도에는 어떤 정서가 흐르는지, 그 정서를 스토리에 어떻게 녹여낼 것인지 알아야 했다.

때는 한여름이었다. 덥고 건조하고 뙤약볕이 사정없이 내리쬐는 곳에서 동료들과 차에 틀어박혀 지냈다. 집에서 가족들과 함께 있고 싶은 마음이 간절했다. 하지만 답사 여행을 하면서 우리는 다양한 사람들을 만났고 덕분에 메이터와 샐리를 포함해《카》캐릭터들을 구상하는 데 많은 영감을 받았다. '어머니 길(Mother Road)'로도 불리는 66번 도로를 탐사하며 라디에이터 스프링스 마을과 코지 콘, 플로 식당 등의 영감을 받았다. 여정을 마칠 무렵 우리는 가장 중요한 것을 발견했다. 바로 우리 자신이었다. 인생은 목적지에 도달하는 것 이상의 의미가 있다. 인생은 여정이다. 픽사에서 최고의 영화를 만들고자 기를 쓰고 노력하면서도 우리는 그 과정을 즐기는 법을 잊고 있었다. 삶의 진정한 의미에 좀 더 가까이 다가가기 위해, 삶 전체를 가치 있게 만들기 위해 속도를 늦추고 주위를 둘러보려면 어려움도 있고, 놀라운 일도 있고, 직진이 아니라 좌회전해야 할 때도 있고, 시간이 걸릴 때도 있다. 우리는 영화《카》에 담을 주제와 정서를 찾았고 더불어 우리 자신을 재발견하게 되었다.

조사 여행이 뜻밖의 길을 열어주기도 한다. 자료 수집을 목적으로 떠난 여행에서 자료 그 이상의 것을 찾았고 그것을 스토리와 캐릭터에 녹여냈다.

《인사이드 아웃》의 연구 프로젝트는 더 고되고 힘들었다. 아무리 스토리 제작팀이라고 해도 열두 살 난 소녀의 마음속으로 들어가 어떤 보편적 정서가 어떤 결정에 관여하는지 탐사할 수 없었기 때문이다. 그래서 정신과 의사, 심리학자, 신경학자 등 다양한 분야의 전문가에게 도움을 요청했다. 인간의 내면에서 작용하는 감정을 다루려면 과학적 토대는 물론 관객과의 교감도 필요했기 때문이다.

관객과 진정으로 교감하려고 노력한다면 더 좋은 브랜드, 더 좋은 기업, 더 좋은 제품, 그리고 더 좋은 관계를 만드는 데 성공할 것이다.

- 변화에 직면한 캐릭터와 흥미로운 후크가 있다고 해도 관객과 무관한 스토리라면 아무도 귀를 기울이지 않을 것이다.

- 많은 청중과 교감하려면 인간의 두려움과 욕망에 관한 보편적 주제를 다루어야 한다.

- 청중과 교감해야 한다고 해서 영감을 주는 방법을 법칙이나 공식으로 따로 만들어야 하는 것은 아니다. 청중을 끊임없이 관찰하고 살피고 관련된 이야기를 찾아야 한다.

- 자료 수집은 대상의 패턴이나 흐름, 연관성을 발견하는 아주 좋은 방법이다. 특히 그것이 인간의 행동 방식이나 상호작용과 관련이 있을 때 더욱 빛을 발한다.

- 당신의 청중은 누구인가? 메시지의 핵심에 있는 대상은 누구인가?

- 마지막으로 답사 여행을 떠난 것은 언제인가?

4장
진심

부족한 모습을 숨기지 말자

내게 사실을 말해다오, 배울 테니.
내게 진실을 말해다오, 믿을 테니.
내게 이야기를 들려다오,
내 가슴속에 영원히 살아남을 테니.

인디언 속담

주의사항이 있다. 앞부분에서 언급한 스토리텔링의 기본 법칙들을 아무리 잘 지켜도 스토리에 진심이 없으면 사람의 마음을 움직이는 마법의 힘은 발휘되지 않는다.

냉정히 말하자면, 스토리텔러의 진심이 담기지 않은 스토리는 감동을 주는 것이 아니라 조종당한다는 느낌을 준다. 진심 없는 스토리를 들은 사람은 감동보다는 구매를 유도하는 이야기에 속았다고 생각하기 쉽다. 속았다는 느낌을 주지 않고 진정한 감정에 다가가는 스토리와 경험을 들려주어야 한다.

그렇다면 청중과 단단한 유대감을 쌓을 수 있는 진정성 있는 이야기는 어떻게 만들 수 있을까? 우선, 너무 똑똑한 척 하지 말아야 한다. 나약한 모습 그대로 솔직하게 전달해야 한다.

이는 말처럼 쉽지 않다. 우리는 어릴 때부터 상처받기 쉬운 모습을 드러내거나 기회를 덥석 잡는 태도가 사회적으로 위험하고 실패와 조롱으로 이어진다고 배웠다. 그런데 '나약함'이야말로 스토리텔링의 핵심이다. 나약함은 사람들에게 강력한 공감대를 불러일으킨다. 그 스토리가 자신의 이야기라고 생각하게 만든다. 인간적이고 진정성 있고 믿을 수 있는 스토리라고 생각한다.

화면에서 캐릭터의 '인간적 면모'를 보여줄 때 관객과 더 깊이 교감할 수 있다. 완벽함은 공감을 이끌어내지 못한다. 스토리에서 캐릭터의 약한 면모를 솔직하게 드러낼 때 관객은 공감하고 진정성을 느낀다. 기업 스토리를 전할 때도, 기업 내 자신의 역할을 이야기할 때도, 제품이나 솔루션을 제안할 때도 성공에 수반된 고통을 반드시 말해야 한다. 그러면 청중은 당신의 인간적 면모에 공감하고 진심으로 응원하게 된다.

스토리에는 오르막과 내리막, 절정과 추락, 우여곡절, 긍정과 부정이 모두 담긴다. 이 모든 요소가 어우러져 관객의 관심에 불을 붙이며 도저히 자리를 뜰 수 없게 만드는 한 편의 매력적인 스토리가 된다. 사람들은 보통 자신의 '진짜' 모습을 보여주길 꺼려 한다. 고객이 결점과 실수를 나쁘게 볼 것이라 생각하기 때문이다. 하지만 사실은 정반대다.

얼마 전 어느 금융기관의 영업팀과 함께 일한 적이 있다. 나는 영업팀 사람들에게 현재 직장생활이 어떤지 물어보았다. 그런데 놀라운 대답이 나왔다. 힘들다고 한 사람은 극히 드물었고 대다수는 무탈하고 평안하다고 말했다. 나는 좀 더 깊이 파고들기로 했다. 그렇다면 지금이 아니더라도 그동안 직장생활을 하면서 특별히 어려운 점은 없었는지 물었다. 한 여성이 한참 망설이더니 드디어 입을 열었다. 대학교 등록금을 벌기 위해 지저분한 스테이크 전문점에서 일하면서 겪은 고초를 이야기했다. 그러자 옆에 있던 어떤 사람은 승진을 위해 처음 몇 년 동안 고생하다가 위궤양이 생겼다고 털어놓았다. 또 다른 여성은 혼자 두 아이를 키우는 워킹맘의 고충을 이야기했다. '진짜' 자신의 이야기를 털어놓자 사람들의 이미지도 달라졌다. 더 진정성 있고 호감 가는 사람으로 보이기 시작했다.

1960년대, 에이비스(Avis) 자동차 렌탈 업체는 미국 최고의 렌탈 업체인 허츠(Hertz)와 경쟁하느라 악전고투했다. 렌탈 업체 시장에서는 작은 규모였던 에이비스는 어느 날 혁신적인 광고를 만들었다. 에이비스가 광고에 사용한 문구는 이것이다. "고작 2등이라면 더 열심히 노력하라. 그렇지 않으면." 이 문구 아래 느긋한 표정의 큰 물고기와 잡아먹히지 않으려고 잔뜩 겁에 질린 작은 물고기 그림이 있다. 에이비스는 약자였고 솔직했다. 이 광고를 통해 2등인 자신들은 1등에 비해 훨씬 더 많이 노력해야만 업계에서 살아남을 수 있다는 메시지를 전달했다. 열심히 하지 않으면 커다란 물고기에게 먹힐 것이라는 사실을 간명하게 드러냈다. 에이비스가 스스로를 2등이라 인정한 것이 어리석은 짓이었을까? 전혀 그렇지 않다. 이 광고는 대중의 공감을 샀다. 사람들은 약자를 응원하려는 경향이 있다. 특히 열심히 노력하고 절대 포기하지 않는 약자라면 더더욱 응원하게 된다. 이 광고가 나가고 1년 후, 에이비스는 미국 내 1위 렌탈 업체가 되었다. 고객들은 에이비스가 최고의 기업이 되도록 돕고 싶어 했다.

프레젠테이션을 하거나, 회의를 진행하거나, 연설을 할 일이 있다면 개인적인 스토리와 부족한 자신의 모습을 통해 얻게 된 성찰을 나눠보길 바란다. 각 분야의 CEO나 리더, 마케터는 무엇이 위대한 리더와 영웅을 만드는지 종종 잊는다. 최고를 만드는 것은 강인한 힘이나 타고난 재능이 아니라 인간적이고 진솔한 모습이다. 타인의 호감과 진심은 완벽함이 아니라 불완전하지만 꾸준히 노력하는 모습으로 얻는다.

부족한 모습을 인정하는 것은 자기 비하가 아니다. 강연장에서 자신의 결핍, 나쁜 기억력, 왜소한 체구, 기타 개인적인 실패담 등을 이야기하는 강연자들이 많다. 이는 부족한 모습을 드러내는 것이 아니라, 그냥 자신을 비하하는 것이다. 관객은 당신의 편에 서고 싶어 한다. 하지만 희생자처럼 굴거나 자기 비하를 일삼는 사람은 지지하지 않는다.

스티브 잡스는 실패담을 솔직하게 털어놓았지만 거기서 그치지 않았다. 이어지는 스토리는 실패에서 배운 교훈을 토대로 이룬 성공담이었다. 그는 픽사에서 실패한 적이 있지만 늘 직원들에게 용기를 불어넣었고 다시금 시도하게 만들었다. 우리는 이런 방식으로 한계를 초월해 무언가를 배운다. 본질적으로 스티브 잡스는 우리에게 철학을 팔았다. 그 철학은 우리가 더 분발하도록 해주었다. 이것이 잡스 리더십의 핵심이며 이 리더십은 매우 자연스러웠다. 진심이 담겨 있었기 때문이다.

숨은 기억을 떠올리자

진정성 있는 스토리란 당신이 알거나 느끼는 바를 솔직하게 공유하는 것이라는 사실은 아무리 강조해도 지나치지 않다. 당신의 삶과 개인적 경험 자체가 진심 어린 스토리를 만드는 최고의 재료다. 인생의 모든 순간을 기억할 수는 없겠지만 떠올리려고 애쓰다 보면 스쳐 지나가는 기억이 많을 것이다.

하나의 기억에서 시작해보자. 머릿속에 떠오르는 기억에 최대한 집중해 그것을 글로 기록하거나 그림으로 그려보자.

가령, 자동차를 탔던 첫 순간을 떠올려보자. 갑자기 머릿속에 어떤 이미지가 불쑥 떠오르면서 그 자동차와 관련된 다른 이미지들도 열리기 시작할 것이다. 수년간 잠재의식 깊은 곳에 있던 이미지들 말이다. 그 기억을 적어보면, 훌륭한 스토리를 만드는 새로운 아이디어가 떠오른다. 기업, 제품, 솔루션 등과 관련된 교훈이나 메시지, 핵심 등을 전달하는 스토리를 구상하는 데 요긴할 것이다.

그 외에 다음 순간들도 떠올려보자.

- 내가 가장 용감했던 순간은 언제인가?
- 내가 가장 창피했던 순간은 언제인가?
- 팀워크의 진가를 처음 느낀 건 언제인가?

직접 자신만의 목록을 만들어보자. 오랫동안 묻어둔 기억들을 떠올리는 데 도움이 된다.

특히 아이디어를 구상할 때는 이 과정을 좀 더 심화할 수 있다. 자동차에 관한 첫 기억을 예로 들면 다음과 같은 심화 질문을 해볼 수 있다.

- 나는 어디 있는가?
- 자동차 안인가, 밖인가?
- 자동차 안에 있다면 어느 좌석에 앉아 있는가?

- 거기서 무얼 하고 있는가?
- 하루 중 언제인가?
- 왜 거기에 있는가?
- 누가 함께 있는가?
- 당시 몇 살이었는가?

나는 꼬마일 때 자동차에 관한 첫 기억이 남아 있다. 우리 가게 '제프리스 토이즈' 로고가 옆에 그려진 흰색 밴이 내 기억 속 첫 자동차다. 이 기억을 자극해보겠다.

- 나는 어디 있는가?
  - 영화관 주차장.

- 자동차 안인가, 밖인가?
  - 자동차 안.

- 자동차 안에 있다면, 어느 좌석에 앉아 있는가?
  - 운전석과 조수석 사이 나무로 만든 간이 의자.

- 거기서 무얼 하고 있는가?
  - 하이퍼드라이브(영화《스타워즈》에 나오는 추진 장치_옮

긴이) 속으로 뛰어들기 직전이다.

- 하루 중 언제인가?
  - 정오 전.

- 왜 거기 있는가?
  - 처음으로 스타워즈를 막 보고 나온 참이었다.

- 누가 함께 있는가?
  - 아버지.

- 그때 몇 살이었는가?
  - 다섯 살.

나는 이런 식으로 하나의 이미지를 연상한 뒤 관련 캐릭터와 드라마 스토리로 발전시킨다. 이 간단한 자극 덕분에 영화 《스타워즈》를 아버지와 함께 생애 처음으로 봤던 기억이 해제되었다.

아버지와 내가 영화를 보고 깊이 감명을 받은 나머지 차에서 페달을 밟으며 하이퍼드라이브로 뛰어드는 시늉을 했던 기억이 난다. 그 바람에 내가 앉아 있던 나무 의자 등받이가 뒤로 젖혀져 자동차 뒷문 쪽에 머리를 부딪쳤다. 그렇다. 나는 안전벨트도 하지 않은 채 불안정한 나무 의자에 앉아 있었다. 당시 1970년대는 이런 안전 문제에 별로 신경 쓰지 않던 때다.

모든 영화는 기억을 토대로 만들어진다. 영화《크리스마스 스토리》는 진 셰퍼드의 책『우리는 신을 믿는다: 다른 모든 이는 현금을 지불한다(*In God We Trust: All Others Pay Cash*)』를 토대로 제작되었다. 1960년대에 출간된 이 단편집은 셰퍼드가 1940년대 인디애나주에서 보낸 유년 시절의 기억을 다룬다. 그의 어린 시절에는 진짜 라이플총을 든 레드라이더 카우보이(셰퍼드의 소설에 등장하는 붉은 셔츠 차림의 카우보이 _ 옮긴이)도 있었고 늘씬한 여자 다리 모양의 스탠드도 있었다.

《니모를 찾아서》는 감독의 경험이 녹아 있다. 처음 아버지가 되면서 자식을 과잉보호했던 감독 자신의 스토리다. 존 라세터는 영화《카》에서 숨 가쁘게 바쁜 자신의 삶을 투사하며 인생을 좀 더 느긋하게 살아야 할 필요성을 이야기한다. 그렇다면 존 라세터는 왜 자동차를 주인공으로 택했을까? 그의 아버지가 자동차 정비사였기 때문이다. 픽사는 대본이나 책의 저작권을 구매해 사용한 적이 없다. 우리가 만든 모든 스토리는 직접 개발한 것이다. 모두 지극히 사적인 공간에서 탄생했다.

《인사이드 아웃》의 감독 피트 닥터도 자신의 스토리를 영화로 엮는 방법을 알아냈다. 피트는 내가 아는 모든 애니메이터 중 가장 키가 크고 가장 행복한 사람이다. 그에게는 행복한 아내와 행복한 아이들이 있다. 행복한 그의 가족을 보고 있노라면 은근히 나는 왜 더 행복하지 않을까 죄책감마저 들 지경이다. 하지만 그의 딸 엘리가 열두 살이 되면서 모든 것이 바뀌었다. 엘리는 우울해했다. 어느 날 갑자기 엘리는 행복보다는 슬픔, 두려움, 혐오, 분노의 감정에 지배를 받았다.

피트는 어찌해야 할 바를 몰랐다. 행복이 슬픔을 압도하도록 온갖 노력을 다했지만 효과는 없었다. 가족들과 디즈니랜드로 떠난 휴가도 아무 소용 없었다. 엘리의 슬픔은 짓눌리지도, 멈추지도, 다른 감정과 균형을 맞추지도 않았다. 마침내 피트는 엘리가 슬픈 상태 그대로 있어도 괜찮다는 사실을 깨달았다. 살면서 느끼는 모든 감정은 한 사람으로 성장하기 위해 모두 필요하다. 그는 딸을 통해 얻은 이 경험을 《인사이드 아웃》 스토리에 담았다. 단순한 이야기지만 모두가 공감하는 스토리를 만들기 위해 자신의 아픔 속으로 걸어 들어간 것이다.

성공한 기업이나 브랜드는 단순히 좋은 아이디어만 만들어내는 것이 아니다. 이들은 열정을 담아 아이디어를 만들고 그 아이디어에 개인적인 투자를 아끼지 않는다. 당신의 가장 진솔한 열정을 따라간다면 그 도착지는 어디인가? 인생에서 정말 사랑하는 것, 진심으로 하고 싶은 일이 무엇인지 솔직하게 인정한다면 단순한 경제적 이익이나 대중의 관심과는 반대

지점에 있는 진정성 있는 길로 들어서게 된다. 스티브 잡스는 말했다. "나는 공동묘지에서 최고의 부자가 되는 일 따위는 관심 없다. 나에게 중요한 건 매일 밤 잠들기 전, 오늘도 뭔가 멋진 일을 해냈어… 라는 생각이다."

느낌이 메시지다

진정성 있는 스토리를 만들려면 약함을 인정하고 솔직해져야 한다. 그런데 메시지를 전달할 때는 절제도 필요하다. 꿀 바른 메시지가 아닌 감성이 필요하다. 관객에게 지나치게 결론을 주입하다 보면 스토리가 교훈적이거나 도덕적인 분위기로 흐르게 된다.

메시지는 관객이 스스로 찾게 해야 한다. 오손 웰스(Orson Welles) 감독은 이런 말을 했다. "나는 관객에게 한 장면 정도로만 힌트를 주고 싶다. 딱 거기까지다. 지나치게 힌트를 많이 주면 관객이 개입할 여지가 없어진다. 관객에게는 그저 제안만 하고 스토리에 참여하게 해야 한다. 이것이 영화관이 갖는 의미이며, 이렇게 될 때 영화 감상은 사회적 행위가 된다."

그동안 나는 작업했던 모든 영화와 드라마를 통해 관객에게 도덕적 교훈을 직접 전달하지 않아야 한다는 사실을 배웠다. 도덕적 교훈을 직접 언급하는 것은 경험의 진정성을 죽이는 행위다. 《니모를 찾아서》의 도덕적 교훈은 "과잉보호가 사랑하는 사람에게 더 나은 인생을 제공하지는 않는다. 인생은 저마다 길이 있다. 우리는 내려놓는 법을 배워야 한다." 그 이상도 이하도 아니다. 하지만 이 말을 캐릭터가 직접 말하는 장면은 하나도 없다. 우리는 《니모를 찾아서》의 도덕적 교훈을 과소평가하지 않으면서 관객의 자율적 판단을 존중하고 우리와 관객의 관계도 존중하는 방식으로 소통했다. 우리는 물고기 도리에게 메신저 역할을 부여해 니모의 아빠 말린에게 부드러우면서도 적절한 방식으로 지혜롭게 조언하도록 했다. 영화에서 도리는 말린에게 뼈 있는 말을 던진다. "니모에게 아무 일도 생기지 않게 한다면, 그에게는 정말 아무 일도 일어나지 않을 거야." 관객인 우리는 그 말을 듣는 순간 깊이 공감한다. 도덕적 교훈이지만 쉬운 말로 편하게 전달된다.

영화감독 프랭크 카프라(Frank Capra)는 이런 명언을 남겼다. "나는 그동안 드라마를 만들면서 실수를 저질렀다. 나는 배우가 우는 것이 드라마라고 생각했다. 하지만 관객이 울어야 진짜 드라마다."

관객이 스스로 교훈을 발견하는 것이 관건이다. 이것이 제대로 이루어지면 관객은 교훈을 직접 듣는다는 느낌보다는 퍼즐을 푼다는 느낌이 들 것이다. 저마다 고유한 방식으로 문제의 해답에 도달하기 때문이다. 스토리텔러는 그저 적절한 단서만 던져주면 된다.

아이디어와 관객을 두 개의 전극이라고 생각해보자. 서로 다른 두 극을 접지하면 전류가 잘 흐르지만 눈에 보이지는 않는다. 그런데 두 극을 접지하지 않고 아주 가까이 두면 스파크가 튄다. 이 스파크가 바로 관객의 마음을 움직이는 '이해'의 스파크다. 이 스파크는 오롯이 관객의 것이지 스토리텔러의 것은 아니다.

스토리에 담긴 도덕성은 기업의 강령과 비슷하다. 이 세상에 따분한 강령 하나를 보태기보다는, 고객이 기업의 제품이나 서비스를 접했을 때 느꼈으면 하는 점을 시각적 요소와 함께 한두 단어 정도로 전달하는 방식이 훨씬 낫다. 이런 면에서 티파니 앤 컴퍼니의 소통 방식은 매우 탁월하다. 이 기업은 광고와 웹사이트, 제품 포장지, 매장에 사용된 컬러와 서체, 이미지를 통해 기업의 강령을 전달한다. 이 요소들은 우아함, 일탈, 사랑이라는 감정을 자아내기 위해 세심하게 선택된 것이다. 티파니 앤 컴퍼니가 고객에게 전달하고 싶은 감정이다. 시각적이면서도 내러티브가 담긴 스토리텔링을 통해 고객이 그런 감정을 발견하는 기쁨을 느끼길 원한다. 이것이 훌륭한 기업들이 택하는 방식이다.

나는 어린 시절을 디즈니와 함께 보냈지만 디즈니 기업의 강령은 단 한 번도 들어본 적 없다. 다른 수많은 사람들이 그랬듯이 나도 디즈니랜드의 테마파크와 상점에서, 디즈니 영화를 보면서 그저 즐거운 시간을 보냈다. 강령을 직접 들은 적은 없었고 다만 느꼈을 뿐이다.

우리 부모님과 조부모님은 고객과 '놀이와 재미'의 정서를 나누기 위해 장난감 가게에 생생한 체험 문화를 만들었다. 경주용 자동차 트랙을 설치하고, 책을 읽는 공간을 마련하고, 친구들과 장난감을 조립할 수 있는 공간도 만들었다. 강령이 아니라 정서를 만들고 싶었다.

우리는 있는 그대로의 진정성 있는 스토리를 만들기 위해 노력해야 한다. 부족한 점을 드러낸 솔직한 이야기와 관객과 접점이 있는 호감형의 캐릭터를 만들어야 한다. 관객을 강령이 아닌 경험으로 초대해 유대감을 더욱 단단히 다져야 한다. 관객은 보고 들은 것은 잊어도 느낌은 절대로 잊지 않는다.

■ 관객과 정서적 유대감을 단단히 다지고 싶다면 공감과 진심이 답이다. 스토리에 신뢰가 떨어지면 공감대는 곧 사라지고 당신이 만든 영화, 책, 노래, 연설은 관객이나 청중의 마음에서 잊혀진다.

■ 솔직해져라. 자신의 경험을 이야기하되 성공담만이 아니라 실패담과 힘들었던 경험도 털어놓아라. 물론 쉽지 않겠지만 이것이 스토리텔링의 핵심이다.

■ 끈기가 성공보다 낫다. 실패하지 않으면 혁신도 없다.

■ 관객이 스스로 스토리의 메시지와 의미를 찾도록 내버려두라.

■ 진정한 강령은 말이 아니라 느낌이다.

■ 고객이 기업의 제품이나 서비스를 접했을 때 느꼈으면 하는 점을 표현하는 단어를 한두 개 골라보자. 어떻게 하면 내러티브와 시각적 스토리텔링을 통해 사람들에게 그 느낌을 이끌어낼 수 있는가?

5장

구조

모든 스토리는 시작-중간-끝이 있다

스토리가 좋으면 그림도 좋아진다.
그러나 스토리가 약하면
최고의 컬러, 톱스타, 음악, 애니메이션을
총동원해도 스토리를 살리지 못한다.

월트 디즈니

호메로스부터 윌리엄 셰익스피어, 스티븐 스필버그에 이르기까지 위대한 스토리텔러는 스토리의 구조에 공을 들였다. 스토리텔러라면 누구나 그렇게 해야 한다. 국가와 문화, 나이와 성별, 사회적 지위와 계층을 막론하고 모든 스토리는 시작-중간-끝으로 이루어진다. 왜 그럴까? 우리가 사는 세상의 모든 것은 시작-중간-끝이라는 구조를 이루기 때문이다.

태양도 아침에 떠서 낮에 빛을 비추다가 밤에 저문다. 인간은 태어나서 삶을 살다가 죽는다. 꽃은 싹을 틔우고 활짝 피었다가 시든다. 이런 시작-중간-끝의 순환 구조가 우리의 삶 모든 곳에서 일어나 스토리를 만든다. 이런 스토리 구조는 본

능에서 비롯된 인간 존재의 본질이다. 인간의 모든 경험이 그 사실을 확인시켜준다. 90분짜리 영화든, 1막, 2막, 3막으로 구성된 연극이든, 30분 분량의 홍보 연설이든 시작-중간-끝이 명확해야 한다. 그렇지 않으면 관객은 지루해하거나 혼란스러워하거나 실망한다.

시작-중간-끝은 각각 도입(setup), 전개(build), 결말(payoff)이라고도 부른다.

2007년 스티브 잡스가 아이폰을 처음 소개할 때 그의 프레젠테이션은 시작(도입)-중간(전개)-끝(결말) 구조를 이루었다.

- 도입 : 이 스토리의 영웅인 스티브는 세상의 평범하고 형편없는 스마트폰 문제를 해결하기 위해 새 제품을 만든 이야기를 들려준다. 그는 시중의 모든 스마트폰은 전혀 스마트하지 않다고 혹평했다.

- 전개 : 스티브는 자신의 스마트폰이 가정집의 컴퓨터보다 얼마나 스마트한지 보여주었고 아이폰을 만드느라 겪은 온갖 어려움과 진통을 이야기하며 결국 자신의 팀이 이 문제들을 해결한 스토리를 들려준다. 여기에 무거운 스타일러스 펜을 멀티터치 스크린으로 대체하고 설치가 번거로웠던 프로그램들도 앱(Apps)으로 대체한

과정도 이야기한다.

- 결말: 연설 끝에 스티브는 새 아이폰이 세상의 평범한 스마트폰들을 어떻게 바꿀 것인지 말한다. 관객은 흥분과 감동의 도가니에 빠져든다.

스토리의 시작(도입) 부분에서는 '평범한 세상'을 설정한다. 이 평범한 세상에는 자기 자신이나 자신이 만든 영웅도 포함된다. 이 시점에서 관객은 영웅의 열정에 호기심을 느낀다. 여기서 평범한 세상을 방해하는 문제를 꼭 언급해야 하는데, 영웅이 반드시 해결해야만 하는 크고 강력한 문제여야 한다.

중간(전개) 부분은 해결책을 찾는 과정이다. 여기서는 영웅이 문제를 해결하는 과정 중 겪는 온갖 우여곡절과 어려움, 좌절이 포함된다.

끝(결말) 부분에서는 영웅이 어떻게 성공했는지 들려주는데 관객에게 설렘과 감동을 주는 방식으로 전달되어야 한다.

스토리의 6단계

일단 스토리를 도입, 전개, 결말의 구조로 짰다면 여기서 더 깊이 들어갈 수도 있다. 영화를 제작할 때는 이 과정을 심화해 총 6단계로 만든다.

1. 도입
2. 사건 촉발
3. 점진적 갈등 고조
4. 위기
5. 절정
6. 결말

1. 도입

'도입'은 스토리를 설정하는 단계다. 이 단계는 누가, 무엇을, 왜, 어디서 했는지 보여주면서 평범한 세상을 소개한다.

- 누가 주인공인가?
- 주인공은 무엇을 원하는가?
- 왜 그것을 원하는가?
- 이 스토리는 어디서 펼쳐지는가?

이런 정보가 없으면 관객은 기준을 잡지 못해 초반부터 갈팡질팡한다.

주인공은 무엇을 원하는가? 주인공을 움직이는 열정이나 욕망은 무엇인가? 주인공은 전투기 조종사도 될 수 있고 하키 선수도 될 수 있고 뱀을 부리는 사람도 될 수 있다. 영화《인디애나 존스》의 강한 열망은 고고학적 가치가 있는 유물을 지키는 것이고, 영화《월-E》에서 무력하고 낭만적인 로봇의 간절한 바람은 진정한 사랑과 우정이다. 주인공이 추구하는 열정은 무엇이든 될 수 있는데, 이것은 스토리 첫 부분에 설정해야 한다.

캐릭터의 욕망과 균형을 맞출 결점이나 약점도 반드시 필요하다. 결점은 어떤 한계, 불완전함, 공포증, 결함 등 캐릭터의 뛰어난 능력 다른 한편에 존재해야 한다. 낮은 자존감도 결점이 될 수 있고 강한 허영심이나 고소공포증도 약점이 될 수 있다. 누구에게나 약점이 있는데, 그것은 그 사람을 매력적이고 독창적이게 만든다. 따라서 캐릭터를 설정할 때도 망설이지 말고 약점이나 결점을 넣어야 한다.

도입 단계에서 필수적인 기초 작업을 했다면 이제 주인공과 관객의 발목을 붙잡고 슬슬 스토리에 시동을 걸어야 한다. 그러려면 인생이 뒤바뀔 만한 사건을 소개해야 한다.

2. 사건 촉발

'사건 촉발' 단계에서는 주인공이 가장 사랑하는 것(또는 사람)을 완전히 전복시키거나 주인공이 가장 열망하는 것을 빼앗거나 쥐어준다. 《인크레더블》에서 주인공은 더 이상 슈퍼히 어로로 인정받지 못하자 모든 열정을 잃고 만다. 반대로 영화 《빅(Big)》에서는 어른이 되고 싶던 꼬마 아이가 하룻밤 사이에 갑자기 소원을 이루게 된다.

어느 쪽이든 촉발된 사건은 주인공의 열정을 이용해 이야 기를 끌고 나가는 장치가 된다. 이 장치를 제대로 설정하넌 판 객은 주인공에게 연민을 느끼게 되고 주인공이 어떻게 새로운 상황이나 뜻밖의 상황을 바꿀지, 또는 어떻게 그 상황에 적응 하는지를 보고 싶어 한다. 이 지점부터 스토리는 본격적으로 흥미진진해진다.

3. 점진적 갈등 고조

'점진적 갈등 고조' 단계는 말 그대로 갈등이 점점 심화되 는 과정이다. 관객이 주인공의 이야기를 따라갈수록 갈등 상황 은 복잡해진다. 갈등이 점차 고조되는 과정에서 관객은 주인공 이 소중한 것을 빼앗긴 후 삶을 되돌리기 위해 견뎌야 할 시련 이나 바라던 것을 얻은 뒤 새로운 상황에 적응하기 위해 반드 시 겪어야 할 어려움을 지켜보게 된다. 주인공은 갈등이 점점 고조되는 상황을 통해 변화를 겪는다. 여기서 중요한 점은 반 드시 주인공이 변화를 겪는 과정, 즉 주인공이 경험을 통해 무 언가를 배우는 과정이 있어야 한다는 사실이다. 관객의 몰입도를 끌어올리려면 갈등이 주는 모진 시련도 점점 고조되어야 한다. 그럴 때 첫 번째 갈등은 가장 극복하기 쉬운 갈등이 되고 마지막 갈등은 가장 견디기 어려운 시련이 된다.

순수하게 재미의 관점에서 보자면 갈등의 수준이 1에서 10으로 단계적으로 고조될 때 관객의 흥미도 점차 높아진다. 처음부터 5 정도 수준의 강한 갈등으로 시작하다가 갑자기 2로 떨어지면 스토리는 지루해진다. 보통 사람들과 마찬가지로 스토리 속 주인공도 변화나 적응 상황에 직면하면 저항이 가장 적은 길을 택하게 될 것이다. 그러다가 10 수준의 갈등 상황이 닥치면 주인공은 위기를 맞이한다.

4. 위기

'위기' 단계는 스토리 전반에 걸쳐 주인공이 배운 교훈을 따라 행동할지, 아니면 반대로 행동할지 반드시 선택해야 하는 분기점이다. 주인공이 스토리 초반에 보여준 망가진 모습 그대로 머물 것인가, 아니면 변화를 선택할 것인가? 이 시점에서 관객은 스토리에 푹 빠져 안절부절못하며 주인공이 올바른 선택을 내리길 간절히 바란다. 관객은 주인공이 올바른 선택을 내리면 자신도 삶의 역경을 잘 이겨내고 더 나은 방향으로 변화할 수 있다는 믿음을 얻기도 한다.

수많은 스토리에서 진언(眞言, mantra) 또는 좌우명이 중

대한 결정을 내리는 데 중요한 동기를 부여한다. 진언은 격언이나 이미지가 될 수도 있고 주인공이 지나온 여정에서 읽거나 기억하거나 성찰한 내용이 될 수도 있다. 어떤 형식이든 진언은 주인공이 스스로 배운 바를 돌아보도록 강하게 압박한다. 거의 모든 영화마다 위기 단계에서는 이 진언이 발동한다. 《스타워즈》의 진언은 "포스를 사용하라"이고, 《라따뚜이》의 진언은 "누구나 요리할 수 있다"이다.

스토리의 주인공이 변화를 선택하면 대체로 긍정적인 결말을 맞이한다. 《니모를 찾아서》는 주인공이 변화하면서 해피엔딩으로 끝난다. 하지만 주인공이 중대한 순간에 변화를 거부하는 스토리는 경종을 울리며 비극적 결말로 끝나는 경우가 많다. 위기가 종료되면 스토리는 절정으로 치닫는다.

5. 절정

'절정'은 새롭게 변화한 주인공이 적대적 인물이나 악당을 상대하고 물리치는 단계다. 여기서부터 결말이 진행된다. 이전의 모든 단계는 절정을 향해 진행된다. 그러므로 절정 단계에서는 반드시 가장 흥미진진하고 액션이 가득한 장면을 선보여야 한다. 여기서 주목해야 할 점은 주인공이 위기를 극복했을 때 가장 큰 약점이 가장 큰 강점으로 전환된다는 느낌을 주어야 한다는 것이다. 스토리 초반과 달리 주인공은 이제 적대적

인물을 물리치기 위한 만반의 준비를 마쳤다. 스토리에서 이 부분은 대단히 중요하다!

적대적 인물이 스토리의 절정 단계에서 패배하면, 필연적으로 주인공에게는 마지막 일격을 가할 책임이 부여된다. 이 책임을 주인공에게서 빼앗아도 안 되고, 모든 관심을 주인공에게 쏟으며 스토리를 끝까지 지켜본 관객에게서 빼앗아도 안 된다. 결정적 승리의 순간에 곁길로 새면 스토리는 공허해지고 관객은 실망한다. 오직 주인공만이 중대한 결정을 내린 다음 적대적 인물을 물리칠 수 있는 유일한 존재다. 위기 단계 이전에 절정 단계를 배치하는 실수를 저지른 스토리도 많이 보았다. 관객은 이런 스토리에 큰 불만을 드러낼 때가 많다.

적대자를 물리치거나 제거하면서 이제 마지막 단계로 들어가게 된다.

6. 결말

'결말'은 짜릿한 롤러코스터의 마지막 단계와도 같다. 아슬아슬한 여러 굴곡을 다 지나쳐 온 롤러코스터는 탑승한 승객을 내려주고 새로운 승객을 태우기 위해 서서히 승강장으로 들어온다. 스토리의 결말도 마찬가지다. 여전히 관객의 심장은 빠르게 뛰고 있다. 아직도 붕 뜬 기분이다. 방금 그런 경험을 했다는 사실이 믿기지 않을 정도다.

결말 단계에서는 느슨했던 모든 부분의 매듭을 확실히 지어주어야 한다. 그래야 관객이 수많은 의문을 품은 채 찜찜하게 자리에서 일어나는 일을 막을 수 있다. 이 단계에서는 조연들의 다양한 스토리도 모두 꼼꼼하게 매듭지어져야 한다. 로맨틱 코미디 장르에서는 신랑의 가장 친한 친구가 마침내 진정한 사랑을 찾는 경우가 종종 있다. 액션 장르에서는 악당이 감옥에 끌려가거나 아버지와 재회한다. 《스타워즈》에서 한 솔로는 레아 공주에게 훈장을 받는다.

이 단계에서는 남아 있는 모든 문제를 해결하는 것이 중요하다. 그래야 '스토리는 반드시 끝난다는' 냉혹한 현실을 견디게 해준다. 이제 승강장에서 내려야 하는 탑승객의 마음을 따뜻하게 해주기도 한다. 좋은 결말은 관객에게 행복감과 만족감을 선사한다.

6단계 스토리 구조의 장점은 다양한 곳에 활용할 수 있다는 점이다. 개인적으로 나는 영화나 TV 스페셜 드라마, 단편 영화, 기타 작품을 만들 때 이 스토리 구조를 활용한다. 6단계 스토리 구조는 실제로 효과가 매우 뛰어나다.

스토리의 뼈대

스토리를 처음 만드는 사람은 이 6단계 구조가 엄두도 안 날 수 있다. 그렇다면 '스토리의 뼈대'로 시작할 것을 권한다. 스토리의 뼈대는 막연한 상황에서도 멋진 이야기를 만들어내는 빠르고 쉬운 방법이다. 이 방식은 15년 전 내가 픽사의 개발팀 '임프로버블(Improvables)'에서 일할 때 처음 알게 되었다.

스토리의 뼈대를 만드는 방법은 다음과 같다. 일단 미완성된 문장 8개의 나머지 부분을 캐릭터와 상황 그리고 짠! 하고 끝내는 결말로 채운다.

당신은 이미 짜임새 있는 이야기를 만들었다! 다만 주인공을 스토리 초반이나 중반에 죽이지만 않으면 된다. 그런 일이 벌어지면 스토리는 정말 혼란스러워진다.

미완성 문장은 대체로 다음과 같다.

- 옛날에…
- 그리고 매일…
- 그러던 어느 날…
- 그래서…
- 그래서…

- 그래서…
- 마침내…
- 그날 이후…

다음은 스토리의 뼈대와 6단계 구조를 함께 활용하는 방법이다.

- 옛날에…   ⇒ 도입
- 그리고 매일…   ⇒ 도입
- 그러던 어느 날…   ⇒ 사건 촉발
- 그래서…   ⇒ 점진적 갈등 고조
- 그래서…   ⇒ 점진적 갈등 고조
- 그래서…   ⇒ 점진적 갈등 고조
- 마침내…   ⇒ 위기와 절정
- 그날 이후…   ⇒ 결말

아마 스토리의 뼈대가 익숙하게 와 닿는 사람도 있을 것이다. 그도 그럴 것이 우리가 어렸을 때 들었던 거의 모든 이야기는 '옛날 옛적에…'로 시작되기 때문이다.

이 방식을 좀 더 구체적으로 파악하기 위해《니모를 찾아서》에 이 구조를 적용해보도록 하겠다.

옛날에 말린이라는 이름의 물고기가 살았는데 꼬치고기의 습격으로 아내와 아직 부화하지 않은 자식들을 모두 잃었다. 살아남은 자식 물고기는 딱 한 마리였다. 말린은 살아남은 물고기 니모에게 절대 아무 일도 일어나지 않게 해주겠노라고 맹세한다. 니모는 꼬치고기의 공격에 무사히 살아남았지만 그 여파로 한쪽 지느러미가 불완전하게 자랐다.

매일 말린은 바다의 온갖 위험으로부터 니모를 보호하기 위해 전전긍긍했다. 하지만 말린의 과잉보호 탓에 니모는 친구들과 마음껏 어울리지도 못하고 상처 입은 지느러미 때문에 학교에서도 자유롭게 활동하지 못했다.

그러던 어느 날, 니모는 깊은 바다로 들어갔다가 스쿠버 다이버에게 잡히고 만다.

그래서 말린은 스쿠버 다이버가 탄 배를 찾아 길을 떠난다. 그 과정에서 스쿠버 다이버의 주소를 아는 도리라는 이름의 건망증 심한 물고기와 만난다.

그래서 도리와 말린은 니모를 찾아 시드니까지 헤엄쳐 간다. 그 여정에서 상어도 만나고 해파리도 만나며 온갖 위험한 상황과 맞닥뜨리게 된다.

그래서 도리는 상처를 입게 되고 말린은 도리를 구한다.

마침내 말린과 도리는 니모를 만나지만 이미 너무 늦었다. 죽은 니모를 본 말린은 바다를 질주하며 괴로워하고 도리와도

헤어져 각자 갈 길을 간다. 하지만 니모는 사실 죽지 않았다. 탈출하려고 죽은 척 했을 뿐이다! 니모는 아버지의 소식을 듣고 아버지를 찾아가는 과정에 도리를 만난다. 마침내 니모와 도리는 말린을 만나고 그렇게 셋은 기뻐하며 집으로 가던 중 그물에 걸린 수백 마리의 물고기 떼를 만난다. 니모는 탈출 방법을 알고 있었다. 말린은 아들을 믿고 따르기로 했고, 니모의 전략대로 모든 물고기가 그물에서 풀려난다.

그날 이후, 말린은 여전히 바다에는 온갖 위험이 도사리고 있지만 아들 니모가 온전히 자신의 삶을 살게 허락해준다.

스토리의 뼈대 만들기는 다음과 같은 경우에도 활용할 수 있다.

- 개인 이야기(자신의 이야기나 기업 설립자의 이야기 등)
- 기업 이야기
- 자기 자신이나 자신의 기업을 통해 한 사람의 미래가 얼마나 더 좋아질 수 있는지 보여주는 이야기
- 자신이 만든 기업, 제품, 서비스 등을 통해 긍정적 영향을 받은 사람이나 집단의 이야기

다음은 개인 이야기나 기업 설립자 이야기를 만들기 위해

스토리의 뼈대를 어떻게 활용할 수 있는지 보여주는 사례다.

월트 디즈니

옛날에 1901년 월터 엘리아스 디즈니(Walter Elias Disney)가 일리노이주 시카고의 어느 가난한 집 넷째 아들로 태어났다. 월터의 가족은 근면과 엄격한 규율을 따르는 가정이었다.

매일 월트는 신문 배달과 학교 수업, 온갖 자질구레한 일을 마치고 나서 만화를 그렸다.

그러던 어느 날, 학교 친구를 통해 보드빌(vaudeville, 노래·춤·촌극 등을 엮은 오락 연예로 버라이어티 쇼와 비슷한 개념_옮긴이)과 모션 픽처(motion picture)의 세계를 알게 되면서 그의 인생이 180도 바뀐다.

그래서 고등학생 시절 월트는 캔자스 시티 미술원(Kansas City Art Institute)에서 토요일마다 미술과 만화 작화 과정을 배운다.

그래서 만화가를 직업으로 삼기로 결심하고 몇 편의 단편 애니메이션을 만들었지만, 비즈니스 세계의 초년생인데다가 저작권 개념에도 어두웠던 탓에 작품들을 빼앗겼다.

그래서 비즈니스에 밝은 형 로이와 손을 잡고 월트 디즈니 컴퍼니에서 만든 모든 캐릭터와 스토리의 저작권을 보호하고 창의성을 지킬 수 있게 된다.

마침내 그는 미키 마우스를 창조한다. 미키 마우스는 세계적인 성공을 거두었고 이에 힘입어 최초의 유성 애니메이션 《증기선 윌리(Steamboat Willie)》와 최초의 장편 컬러 애니메이션 《백설공주》(1937)을 만들게 된다.

그날 이후 월트 디즈니 컴퍼니는 살아 움직이는 액션이 있는 애니메이션과 연령대를 초월해 모두가 즐길 수 있는 테마파크를 만들어 세계적으로 사랑받는 브랜드가 된다.

기업의 역사에도 스토리의 뼈대를 적용할 수 있다.

웬티 빈야즈

옛날에 1883년 미국으로 온 C. H. 웬티(C. H. Wente)는 더 나은 삶을 꿈꾸던 가난한 독일 이민자였다.

매일 그는 나파 밸리 포도 농장의 찰스 크루그 밑에서 와인 만드는 법을 공부했다. 공부를 하면서 자신이 포도 농장에 꿈과 열정이 있음을 알게 되었다.

그러던 어느 날, 웬티는 리버모어 밸리에 매물로 나온 땅이 있다는 소식을 들었다. 날씨가 온화하고 토양에는 자갈이 많아 와인용 포도를 재배하기에 더없이 좋은 환경이었다. 웬티와 아내 바바라 트라우트바인(Barbara Trautwein)은 47에이커(약 19만 제곱미터) 크기의 땅을 구입해 와인 농장을 시작했다.

그래서 웬티와 바바라는 모든 노력을 쏟아부었고 47에이커였던 농장을 200에이커(약 81만 제곱미터)의 비옥한 와인 농장으로 키워냈다. 일곱 아이의 아버지였던 웬티는 근면을 강조하면서도 늘 이런 말을 했다. "노동이 삶을 달콤하게 만든다." 그러던 어느 날 갑자기 금주령이 내려졌다.

그래서 와인 농장은 급격히 쇠락했다. 마침내 금주령은 끝났지만 웬티 가족은 사업을 처음부터 다시 시작해야 했다. 웬티의 아들 어니스트 웬티(Ernest Wente)와 허먼 웬티(Herman Wente)는 아버지의 사업을 물려받아 가족의 이름을 와인 라벨에 넣었다. 라벨 이름은 웬티 브로스(Wente Bros)였다. 농부였던 어니스트는 새로운 포도 품종을 수입해 와인의 질을 높이는 데 집중하는 한편 와인 농장에 더욱 도움이 될 만한 경영 기술과 제조 방법을 적용했다. 그의 노력이 낳은 웬티 샤르도네 덕분에 '캘리포니아 최초로 샤르도네를 만든 가문'이라는 명예를 안게 되었다. 그의 형 허먼은 사업가였다. 허먼은 미국인이 사랑하는 와인을 부활시킨다는 사명으로 사업에 임했다. 금주령으로 대다수가 잊고 있던 와인을 다시 부활시키는 것이 그의 목표였다.

그래서 와인 농장은 날로 번성했고, 형제는 웬티 가문의 3세대인 칼 L. 웬티(Karl L. Wente)를 경영에 합류시킨다. 칼은 아버지와 삼촌 옆에서 일하면서 와인 농장의 책임을 맡게 되었다. 하지만 리버모어 지역의 도시화로 미래가 불확실해지자, 가족 경영 체제를 지켜야 했던 칼은 고품질의 포도를 재배할 수 있는 다른 지역을 물색하기 시작했다. 1963년, 칼은 몬터레이 지역의 아로요세코(Arroyo Seco)를 발견한다. 아로요세코는 포도의 성장 시기가 길고 기후가 서늘했으며 흙과 암반이 섞인 양질의 토양과 수량이 풍부한 하천을 두루 갖춘 곳이었다. 아로요세코는 포도 농장을 운영하기에 더할 나위 없이 훌륭한 곳이었지만 새로운 와인 농장을 만든다는 것은 고되고 험난한 일이었다. 그럼에도 불구하고 칼은 알프레드 리바로부터 300에이커(약 121만 제곱미터) 크기의 살구 농장을 매입해 포도를 심었다. 이 농장이 오늘날의 웬티 리바 랜치 싱글 빈야드 샤르도네와 피노누아의 생산지가 되었다.

마침내 웬티 가문의 4세대인 에릭, 필립, 캐럴린은 와인 농장에 필요한 모든 것을 배운다. 이때는 웬티 가문의 전통을 확립하는 매우 중요한 시기였다. 세대를 거듭하면서 이 가문은 윗세대의 경험을 토대로 도움을 받았으며, 서로가 서로에게 필요한 부분을 가르치고 배워나갔다. 그들은 스스로 성장하면서 와인 세계에 굳건히 자리를 잡았다.

그날 이후 웬티 가문의 5세대인 칼 D. 웬티(Karl D. Wente)는 100% 웬티 농장 포도 재배와 지속 가능한 생산을 인증받은 고품질의 와인 목록을 만들어 가문의 전통에 경의를 표했다.

"우리 가족이 5세대에 걸쳐 리버모어 밸리의 토양과 기후에 쏟아부은 노력 그리고 1960년대부터 아로요세코에 쏟은 모든 땀방울에 자부심을 느낍니다. 완벽한 균형을 추구하고, 음식과 궁합이 잘 맞고, 어느 곳에나 어울리는 와인을 만들겠다는 가문의 철학에도 긍지를 느낍니다."

다음은 당신의 기업을 만난 누군가의 미래가 어떻게 달라질 수 있는지 스토리의 뼈대를 활용해 보여주는 사례다.

가상의 자율 주행 자동차 업체

옛날에 자동차가 발명되면서 직장에 가거나 가족을 만나거나 여행을 다닐 때 여러 지역을 훨씬 빠르고 효율적으로 이동할 수 있었다.

매일 더 많은 자동차가 만들어졌고, 더 많은 자동차가 팔렸고, 더 많은 도로가 깔렸고, 더 많은 사람이 자동차에 의지했다. 기업은 온갖 제품을 자동차로 운송했다. 심지어 자동차도 자동차로 운송했다! 새로운 기술이 발전하면서 자동차의 속도와 안전성이 향상되었고, 세상은 점점 더 가깝게 연결되었다.

그러던 어느 날부터 세상에는 너무 많은 자동차가 생겨났다. 이에 따라 교통 체증, 유독한 매연, 교통사고도 늘어났다. 2013년, 전 세계에서 자동차 사고로 사망한 사람 숫자는 약

125만 명이다. 미국에서 일어난 사고만 해도 3만 2,675건에 이르고, 사고의 94%가 인간의 실수 때문에 벌어졌다. 무언가 개선이 필요했다.

그래서 각 분야의 과학자, 공학자, 리더 들이 해결책을 찾는 데 골몰했다.

그래서 컴퓨터 기술과 소프트웨어가 등장하게 되었다. 이는 음주 운전, 부주의한 운전, 운전 중 피로 등 인간의 실수로 인한 비극을 줄이는 데 보탬이 되었다.

하지만 정부 규제, 자동차 보험, 자율 주행의 안전성에 대한 대중의 신뢰 확보 등 풀어야 할 여러 과제가 있었다.

마침내 [기업명]은 [제품명]을 만들어 필요한 모든 실험을 마쳤고, 안전성과 이동성을 향상시킨 새로운 고성능 자율 주행 기술을 선보이게 되었다.

오늘 이후 우리 [기업명]은 사람과 물건을 이곳에서 저곳으로 더 안전하고 더 빠르고 더 쉽게 이동할 수 있는 자율 주행 자동차 개발에 끊임없이 지평을 넓혀갈 것이다.

다음은 스토리의 뼈대를 활용한 마지막 사례다. 어떤 기업이나 제품, 서비스를 통해 긍정적 영향을 받은 사람 또는 집단의 스토리를 전하는 방법을 보여준다.

제프리스 토이즈

옛날에 우리 증조할아버지 내외분이 잡화점을 열었다.

매일 두 분은 손님들에게 다양한 제품을 판매했다.

그러던 어느 날 한 여성이 당황한 얼굴로 가게에 들어왔다. 여성은 남편이 아주 중요한 면접을 봐야 하는데 정장 코트의 단추 하나가 없어졌다고 했다. 남편의 코트에 달린 단추와 똑같은 단추를 서둘러 구해야 했다!

그래서 두 분은 급한 처지에 몰린 여성을 도우려고 온 가게를 헤집으며 단추를 찾기 시작했다. 하지만 똑같은 단추는 없었다.

그래서 두 분은 재고 창고로 들어가 단추들을 뒤졌다. 그러나 창고에도 똑같은 단추는 없었다.

그래서 단추 통이란 단추 통은 모두 진열대에 쏟아 단추를 찾았다. 그래도 단추가 보이지 않았다!

마침내 여성이 소리쳤다. "저거예요! 바로 저 단추예요. 남편 코트 단추와 똑같아요!" 여성은 증조할아버지의 재킷을 가리켰다. 증조할아버지는 한 치의 망설임도 없이 가위로 단추를 잘라 여성에게 주었다. 공짜로 말이다.

그날 이후 여성과 그녀의 가족은 증조할아버지 내외분이 운영하는 잡화점의 단골이 되었고 주변 사람들에게도 입소문을 내주었다.

광고나 홍보 연설, 회의 시간 발표에서 전하고자 하는 내용을 완벽히 담은 스토리를 만드는 것은 참 어렵다. 특히 마감에 쫓길 때는 더더욱 그렇다. 한 가지 팁을 알려주자면, 필요할 때 바로바로 꺼내 쓸 수 있는 '파일'에 여러 스토리를 보관하는 것이다. 여유가 있을 때 스토리의 뼈대를 적용할 수 있는 인생의 중요한 순간들을 기록한다. 그리고 각 스토리를 주제별로 분류한다. 가령, 나이 듦, 자기희생, 고난 극복과 같은 주제의 스토리를 카테고리별로 나눈다. 그러다가 연설이나 발표 자리에서 주제와 잘 맞는 이야기를 골라 활용하면 요긴하다. 예컨대, 강연 주제가 업무상 겪는 어려움을 극복하는 방법이라면 처음 춤을 배웠을 때나 외국어를 터득했을 때, 좋아하는 사람에게 데이트를 신청할 때의 경험담을 선택하면 된다. 팀워크가 중요한 상황에서 동료들을 격려해야 하는 자리라면 어린 시절 친구들과 만들었던 모임이나 팀으로 협동심을 발휘해 이겼던 게임, 배우자의 도움으로 육아를 잘하게 되었던 스토리를 고를 수도 있다. 개인이 경험한 스토리는 청중에게 감동을 주는 동시에 중요한 메시지도 전달하는 매우 유용한 수단이다.

- 인간이 경험하는 모든 일은 시작-중간-끝 구조를 이룬다.

- 90분 분량의 영화든 30초짜리 홍보 연설이든 스토리의 도입-전개-결말이 필요하다.

- 스토리의 도입부에서는 '평범한 세상'에서 주어진 환경에 맞춰 살아가는 영웅의 모습을 보여준다. 이때 캐릭터의 욕망은 선명하게 드러나야 하고 여기에 수반되는 약점도 반드시 존재해야 한다.

- '사건 촉발' 또는 '후크'에서는 캐릭터가 가장 열정을 쏟는 대상이 드러나야 하며, 그것이 어떤 사건을 계기로 완전히 무너지거나 뒤바뀌어야 한다.

- 스토리 중반에는 문제의 해결책을 찾는 과정과 그 과정에서 생기는 우여곡절이 나온다.

- 결말에서는 영웅이 어떤 방식으로든 성공하는 모습을 보여주되 관객에게 짜릿함과 감동도 선사해야 한다.

- 스토리의 뼈대는 막연한 상황에서 멋진 스토리를 만드는 빠르고 손쉬운 수단이다.

6장

영웅

우리는 어떤 영웅에게 푹 빠지는가

영웅은 크나큰 역경에도
인내하고 견뎌낼 힘을 추구하는
평범한 개인이다.

크리스토퍼 리브

슈퍼맨으로 더 유명한 배우

나는 훌륭한 스토리텔러를 몇 명 알고 있다. 어릴 때 아버지와 어머니를 비롯한 가족들이 풀어놓던 이야기보따리가 있다. 장난감 가게에 얽힌 이야기를 하다 보면 어김없이 증조할아버지 대니의 모험담이 등장한다. 1920년대 밀주를 팔던 증조할아버지는 악명 높은 갱스터 벅시 시걸(Bugsy Siegel)과도 함께 일했다. 자유로운 영혼의 소유자였던 삼촌 제프도 스토리의 단골 소재다. 영화 《이지라이더》의 주인공처럼 1970년대에 거칠고 반항적으로 살았던 제프 삼촌은 잡지에 실을 폭동이나 전쟁 사진을 찍었다. 우울한 스토리도 들었다. 할아버지 매니가 제2차 세계대전 때 오키나와에서 해병으로 참전한 이야기도 있고 전쟁으로 폐허가 된 독일에서 자란 할머니의 이야기도 있다. 모두 다른 스토리였지만 하나같이 놀라웠다. 모든 스토리는 두 가지 공통점이 있다. 하나는 시작-중간-끝으로 구성되어 있다는 것이고, 또 하나는 영웅이 등장한다는 것이다. 앞 장에서는 스토리의 구조를 살펴보았다. 이번 장에서는 스토리에 영웅 또는 리더가 왜 등장하고, 어떻게 등장해야 하는지 살펴보고자 한다.

영웅은 늘 스토리의 중심에 선다. 영웅이 보여주는 비전과 용기, 자기희생 정신은 남녀노소 모두에게 감동을 안겨준다. 우리는 문화, 지역, 언어를 초월해 모든 스토리에서 영웅을 만나게 된다. 수만 년 전 동굴벽화에서도 부족 사람들에게 먹을 것을 구해주기 위해 거대한 짐승을 사냥하는 영웅의 모습을 볼 수 있다. 고대 수메르에서 최초로 기록된 스토리는 4,000년이 지난 지금도 악과 싸우고, 탐욕으로 타락하고, 불멸을 추구하다가 마침내 자신의 진정한 모습을 찾아가는 길가메시의 서사시를 들려준다. 인류 역사 초기의 스토리에도 시작-중간-끝 구조가 있고 다양한 변화를 겪는 영웅 길가메시가 등장한다는 사실을 알 수 있다. 추론해보자면 이런 스토리들은 점토판에 새겨지기 오래전부터 여러 세대에 걸쳐 입에서 입으로 전해 내려왔을 것이다.

영웅은 늘 우리와 함께 존재해왔다. 왜일까?

인간은 태생과 상관없이 자신을 인생의 주인공이라고 생각한다. 인간의 정신에서 매우 중요한 부분이다. 인간이라면 누구나 비슷한 신체 구조, 본능, 충동, 갈등, 두려움이 있듯이, 인간의 인생도 시작-중간-끝이라는 여정으로 구성되어 있다. 어떤 문화권에서 살든 어느 시대에 태어났든 나의 스토리에서만큼은 내가 영웅이다. 나의 인생이기 때문이다.

치과에 갔던 이야기나 경주에서 승리한 이야기처럼 단편 스토리를 전할 때도 있고, 어린 시절 고향 이야기나 부모로 살아가는 이야기처럼 장편 스토리를 전할 때도 있다.

태어나서 죽을 때까지 내가 나만의 삶에서 쌓은 경험은 나를 독창적인 존재로 만든다. 스토리의 매개체인 영웅이 나의 내면 깊은 곳에서 공감을 불러일으키는 것도 이런 이유다. 우리가 영웅의 여정에 유대감을 느끼는 것은 친숙하기 때문이다. 영웅의 여정은 나 자신의 여정을 반영하기도 하고 은유적으로 표현하기도 하고 내가 가고 싶은 길을 보여주기도 한다.

영화《트루먼 쇼》를 살펴보며 영웅의 개념을 정리해보자. 짐 캐리가 연기하는 트루먼은 자신이 영웅인 세계에서 살아간다. 그 세계의 다른 모든 사람들은 배우이며, 그들의 유일한 목적은 트루먼을 보조하는 것이다. 가끔은 내가 인생의 주인공이자 영웅인데도 타인의 들러리가 된 것 같은 기분이 들 때가 있다. 그래서 영화나 책에서 영웅과 유대감을 느끼고 싶어 하는 것도 뭔가 자신과 연관 있을지 모른다고 생각하기 때문이다.

영웅은 스토리텔링에서 가장 중요한 캐릭터, 즉 주인공 (protagonist)으로 등장한다. 스토리 안에서 주인공이 '영웅'으로 행동할 때도 있지만 늘 그런 건 아니다. 단어의 어원에서도 이를 확인할 수 있다. 그리스어로 프로타고니스트(protagonist)는 '앞장서서 싸우는 사람'이라는 뜻도 있고 '시련에 처한 사람'이라는 의미도 있다. 이런 점에서 프로타고니스트는 영웅일 수도 있고 악당과 관련 있을 수도 있다. 고대 그리스인은 어느 편에서 싸우는지와 상관없이 위대한 전사를 영웅으로 추앙했다. 영웅은 스토리를 담아내는 일종의 그릇이다. 영웅의 투쟁이나 활동, 관점은 우리의 자기중심적인 현실을 반영한다. 우리는 오직 자신의 관점에서만 삶을 바라보기 때문이다.

무엇이 스토리를 독창적으로 만드는가

스토리는 영웅이 등장하고 시작-중간-끝이라는 구조를 이룬다는 두 가지 공통점이 있지만, 그 내용은 대단히 다양하고 광범위하다. 스토리가 서로 다르지 않다면 우리는 굳이 그것을 읽고 듣고 시청할 필요가 없다.

이것이 스토리의 미학이다. 영웅의 여정을 따라간다는 점은 같아도 누가 그것을 이야기하느냐에 따라 내용은 전혀 달라진다. 누가 화자이고 어떤 요소가 담기느냐에 따라 스토리는 천차만별로 다양해진다.

인류 최초의 스토리텔러는 사냥꾼이었다. 사냥꾼은 생존을 위해 죽인 동물들에 관해 이야기했고, 동물들이 죽어갈 때 그 신비로운 경험을 묘사했다. 동물들은 초기 인류에게 생명을 주었고 인류도 동물들에게 존중을 표했다. 사냥꾼의 스토리에는 인간 세계와 동물의 왕국 사이의 관계가 반영되어 있었다.

《길가메시 서사시》는 특히 사냥꾼과 동물의 관계, 신비로운 미지의 세계를 많이 언급한다. 이 서사시는 인류가 아직 이해하지 못한 것을 '설명하는' 마법의 영역뿐만 아니라, 원시 사냥꾼들의 세계, 생존을 위해 풍요로운 자연에 의존하는 인류의 모습이 반영되어 있다.

초기 인류의 생활이 사냥에서 농사로 바뀌면서 삶의 신비를 해석하기 위해 만든 스토리도 바뀌었다. 삶의 중심에 동물이 아닌 농작물이 들어왔다. 이 스토리는 끝없이 순환하는 신비의 상징이 되었다. 식물은 죽어도 끝이 아니라 씨앗에서 다시 생명이 시작되는 순환을 거듭하기 때문이다. 농업의 순환은 바빌로니아, 히타이트, 가나안, 이집트 등 문명의 경제 기반이 되었다. 바빌로니아의 스토리에는 농경 세계와 더불어 태양과 정의의 신 샤마시(Shamash), 날씨와 폭풍의 신 엔릴(Enlil), 대지의 아버지 키샤르(Kishar)의 서사가 담겨 있다. 농경문화가 생존에 가장 중요한 요소였기 때문에 바빌로니아의 스토리에 이런 문화적 특징이 반영되었다는 점을 쉽게 납득할 수 있다.

그렇다면 우리는 어떤가?

현대인은 생존을 위해 사냥에 나서지 않는다. 현대인이 사냥하는 것은 마트에서 구입하는 동물 모양의 간식뿐이다. 대다수 현대인의 농사는 일주일에 한 번 텃밭을 가꾸거나 잔디를 정리하는 것 정도다. 그렇다면 지금 우리가 사는 문화에서 우리를 독창적으로 만들어주는 것은 무엇일까?

현대를 살아가는 인류는 지난 20세기에 두 차례의 세계대전과 경제 대공황, 스페인 독감이나 천연두 같은 전염병 발발 등 역사적으로 큰 사건들을 겪었다. 현대인은 컴퓨터와 인터넷, 로봇 시스템, 우주선 등을 발명했다. 이처럼 완전히 새로운 사건과 문명은 영화 《소셜 네트워크》, 《블레이드 러너》, 《스타워즈》, 《라이언 일병 구하기》, 《분노의 포도》, 《12 몽키스》 같은 스토리에 영감을 불어넣었다.

우리가 창조하는 스토리는 자기만의 고유한 경험에 영향을 받는다. 뒷마당에서 버터 칼을 들고 위협하는 불량배를 만난 이야기, 불꽃놀이가 터질 때 첫 키스를 한 이야기 등 당신에게 일어난 일상은 모두 스토리의 금광이다. 우리는 자기만의 방식으로 하루도 빠짐없이 세상을 보고 듣고 읽는다. 그리고 각자 나름의 방식으로 들어온 정보를 처리한다. 말하자면 누구에게나 자신만의 스토리 지문(指紋)이 있다.

가족 중 누군가의 어린 시절 고생담을 떠올리며 스토리 창작 욕구가 생길 수도 있다. 우리 외갓집도 몹시 가난해 겨울에 벽돌을 뜨겁게 달궈 수건으로 감싼 뒤 침대 안에 넣어 그 온기에 기대어 잠을 청한 시절이 있었다. 개인적 경험에서 영감을 얻어 제작된 고전 영화도 있다. 《스탠 바이 미》, 《크리스마스 스토리》, 《오만과 편견》 등이 이에 속한다.

우리는 인생에서 중요한 요소를 추려 긍정적인 스토리와 부정적인 스토리를 창작한다. 물론 이 스토리에도 영웅이 존재하고 시작-중간-끝의 구조는 있지만 내용과 흐름은 모두 다르다. 해 아래 새로운 이야기는 없다고 느끼는 순간에도, 시간은 흐르고 환경은 변하고 어느 날 갑자기 짠! 하고 완전히 신선한 '소재'가 우리 앞에 놓인다. 그렇게 새로운 스토리는 반복해서 만들어진다.

픽사의 영화 대부분은 우리 주변에서 일어나는 일들, 지난 백 년간 일어난 일들에 관한 이야기다. 슈퍼히어로 스토리부터 자동차의 발명 스토리까지, 심지어 현대인의 화두인 인구과잉과 쓰레기 증가, 환경문제 등은 픽사의 집단 상상력에 불을 지피는 소재들이다. 현대적인 아이디어나 발명품, 사회문제 등이 없었다면 《인크레더블》, 《카》, 《월E》 같은 영화는 나오지 못했을 것이다.

　오만하고 불안한 영웅 길가메시(또는 우디)가 막강한 적수였다가 최고의 친구가 된 엔키두(또는 버즈)와 함께 적을 물리치고 자신들의 운명을 이해하고자 노력하는 스토리에는 중요한 유사성이 있다. 청중에게 스토리를 효과적으로 전달하려면, 우리도 이러한 유사성을 유리하게 활용해야 한다. 그래야 비로소 나만의 스토리가 된다. 나에게는 지극히 개인적인 이야기이지만, 세상 사람들에게는 익숙한 메시지나 교훈을 신선한 방식으로 전달하는 새로운 스토리가 된다. 이런 스토리를 만들려면 청중이 공감할 수 있는 훌륭한 영웅이 반드시 필요하다. 리더십에 관한 연구가 많은데, 결국 좋은 리더가 되는 방법과 좋은 영웅이 되는 방법은 대체로 일치한다.

영웅이란 무엇인가

그렇다면 훌륭한 영웅은 어떻게 만들어지는가? 신화학자 조지프 캠벨은 저서 『천의 얼굴을 가진 영웅』에서 영웅을 "자신보다 더 큰 존재를 위해 자기를 희생하는 사람"으로 정의한다. 주인공이 충성도 높은 고객이든, 당신의 회사를 지지하는 사람이든, 기업의 CEO든, 영화 속 인물이든 영웅과 관객 사이에는 반드시 정서적 교감이 이뤄져야 한다. 이를 위해 관객은 주인공을 좋아하고 주인공의 대의명분을 신뢰해야 한다. 평범한 사람이든 CEO든 허구적 인물이든 관객이 매혹될 때 그 캐릭터는 영웅이 된다.

이 과정이 잘 이루어지면 영웅은 판매를 촉진하고, 브랜드를 강화하고, 고객과 긴밀한 유대감을 쌓게 된다. 이런 일은 어디서나 벌어진다. 영웅과 공감하는 사람들은 그 영웅이 운전하는 자동차를 운전하고 싶고, 영웅이 입는 옷을 입고 싶고, 영웅이 먹는 음식을 먹고 싶다. 영웅이 반드시 사람일 필요는 없다. 동물이나 사물, 만화 캐릭터도 영웅이 될 수 있다. 아이들이 만화영화를 보고 난 다음 그 만화 속 캐릭터에 푹 빠져 장난감이나 시리얼 심지어 샴푸까지도 사고 싶어 하는 경우가 얼마나 많은가. 그렇다면 나이와 성별, 문화를 초월해 정서적 교감을 불러일으키는 호감형 영웅은 어떻게 만들 수 있을까?

호감형 영웅이나 리더를 만드는 가장 좋은 방법은 그의 어린 시절을 보여주는 것이다. 어린 시절 스토리를 풀어나가면 관객의 마음을 얻기 쉽다. 누구에게나 어린 시절이 있기 때문이다. 배경 이야기나 회상, 기타 여러 장치를 이용해 영웅의 어린 시절을 보여줄 수 있다. 가령, 영화《모아나》에서 첫 10분은 모아나의 어린 시절 모습이 그려진다. 우리는 모아나가 뜨거운 모래사장을 지나 시원한 바다로 가려는 거북이를 보호해주는 모습을 지켜본다. 모아나는 손바닥을 펼쳐 거북이에게 그늘을 만들어주고 호시탐탐 거북이를 노리는 새를 쫓아낸다. 심지어 영화 《스타워즈: 보이지 않는 위협》 편에서는 악당 다스 베이더도 어린 시절 로봇과 포드레이서(스타워즈에서 다스 베이더가 되기 전 아나킨 스카이워커가 타던 비행선_옮긴이)를 즐겨 만들던 아이였다는 사실을 보여주며 호감형 캐릭터의 면모를 드러낸다. 자신의 경험도 좋고 다른 아이들의 모습을 참고해도 좋다. 이를 활용해 캐릭터의 어린 시절을 보여줌으로써 대중의 마음을 얻을 수 있다.

공감대를 최대한 끌어올리기 위해 영웅을 고아로 설정하기도 한다. 월트 디즈니, 로알드 달, J. K. 롤링, 어니스트 클라인 등도 모두 이 기법을 이용했다. 《밤비》, 《제임스와 거대한 복숭아》, 《해리포터와 마법사의 돌》, 《레디 플레이어 원》에 등장하는 영웅들은 모두 고아거나 머지않아 고아가 될 운명이었다.

캐릭터에 '엉성하고 엉뚱한' 면모를 부여해 호감을 사는 경우도 있다. 우스꽝스러운 모습을 보여주거나 왜 엉뚱한 성격을 갖게 되었는지 배경 이야기를 보여주며 약한 특징을 부여하는 방법이다. 어둡고 음침한 악당이라도 그보다 더 사악한 악당이 존재하면 관객의 호감을 얻기도 한다. 왜 다스 베이더가 황제 펠퍼틴에게 복종했다고 생각하는가? 관객은 영웅이 희생자의 처지가 되면 더 연민을 품는다.

영웅은 좋은 리더이기도 하다. 스토리 속에서 영웅은 과감한 결단력으로 행동을 주도한다. 좋은 영웅은 관객을 포함한 타인에게 행동을 촉구한다. 영웅이 무언가 결단을 내리지 않고 스토리를 끌고 가지 않으면 관객은 흥미를 잃는다.

스토리 속 영웅과 마찬가지로 각 분야의 리더도 대중이 공감할 만한 열정과 관심사를 보여준다. 정치인은 최대한 많은 이들이 공감할 수 있는 요소를 부각해 유대감을 쌓는다. 빌 클린턴은 색소폰을 불었고 버락 오바마는 농구를 했다. 로널드 레이건은 젤리빈 사탕을 무척 좋아했으며, 41대 대통령 조지 부시는 브로콜리를 몹시 싫어했다. 미국 정치권에선 이런 것을 '하우디 팩터(Howdy factor)'라고 부른다. 개인의 특징을 부각하면 그 사람의 인간적 면모가 돋보여 대중과 더 친밀해지는 느낌을 준다. "방가 방가(Howdy), 저도 여러분과 똑같은 사람이에요!"라고 말하는 식이다. 그러므로 음악, 음식, 응원하는 스포츠팀, 크고 작은 사회문제나 환경문제에 관심과 열정을 공유하면 다른 캐릭터들이 영웅을 따르게 할 수 있다.

리더는 반드시 희망적이고 낙관적인 비전을 보여주어야 한다. 스토리의 주인공이 걸어가는 여정은 반드시 긍정적이고 실현 가능해야 한다. 그렇지 않으면 캐릭터아크가 형성되지 않거나 스토리가 진행되지 않는다. 주인공은 의심이 많거나 비열하거나 좌절한 캐릭터일지언정 미미하게나마 성공의 가능성이 있으면 신념을 가지고 역경에 맞서 싸우며 험난한 여정을 이어 나간다. 주인공은 가는 길이 아무리 험해도 뚜벅뚜벅 걸어가며 우리가 바라던 삶을 살아간다.

리더는 인품도 훌륭해야 한다. 진실함과 공정함에 가치를 두어야 한다. 스토리의 주인공은 스스로에게 진실해야 하고 여정을 통해 진실해져야 한다. 그렇지 않으면 대중의 마음을 얻는 주인공이 되지 못한다. 시나리오 작가가 호감형 영웅을 만들기 위해 일명 '고양이 구하기(save the cat)'와 같은 장치를 스토리 초반에 배치하기도 한다. '고양이 구하기'는 주인공이 자신보다 못한 처지에 있는 다른 캐릭터에게 인정을 베푸는 모습을 보여주는 기법이다. 《모아나》 초반에 어린 모아나가 아기 거북이에게 도움을 주는 장면이 나온다. 이는 관객으로부터 즉각 공감을 얻고 주인공이 신뢰할 만한 캐릭터이며 응원하고 지지할 가치가 있는 존재임을 보여주는 효과적인 방법이다.

《인크레더블》에서는 처음 몇 분간은 미스터 인크레더블이 악당을 물리치고 사람들을 구한 뒤 으스대는 장면이 나온다. 이때까지만 해도 관객은 미스터 인크레더블에게 호감을 느끼지 않다가, 그가 나무 위로 올라간 고양이를 구해주거나 곤경에 처한 노인을 돕는 장면을 보고 나서야 호의를 품게 된다. 소소하게 친절을 베푸는 행위를 보여줌으로써 미스터 인크레더블이 오만하기만 한 슈퍼히어로가 아니라 그 이상의 캐릭터임을 알게 하는 것이다. 이런 방식으로 미스터 인크레더블은 호감형 영웅이 된다. '고양이 구하기' 기법은《알라딘》의 도입부에서도 사용되었다. 매력적이고 자존감 높은 알라딘이 한 조각밖에 없는 빵을 고아들에게 나눠주는 장면이 나온다.

기업이나 각 분야의 리더들도 '고양이 구하기' 기술을 종종 이용한다. 환경이나 사회 분야에 기부하는 행위를 통해 온정을 드러내는 것이다. 이런 행위로 현재 고객이나 잠재 고객과 진정성 있는 공감대를 형성한다.

좋은 리더는 주위 사람을 돕는 일에 인색하지 않다. 좋은 주인공이 자신에게 도움을 준 동료들에게 칭찬이나 경제적 보상 등으로 보답하며 그들의 명예를 높여주는 것도 같은 맥락이다. 좋은 주인공은 험난한 여정에서 적을 물리치고 장애물을 극복하는 데 도움을 준 이들이 고마운 존재임을 잘 알고 있다. 비즈니스 세계에서는 이러한 보상이 보너스, 연봉 인상, 승진 등의 형태로 이루어진다.

리더도 실패할 때가 있다. 우리가 영웅을 존경하는 이유는 그가 늘 성공해서가 아니라 절대 포기하지 않기 때문이다. 어린 시절 내가 가장 좋아한 영웅물은《인디아나 존스》시리즈 중《레이더스》였다. 이 영화를 너무 좋아해 가죽 채찍에 중절모, 제2차 세계대전 시절의 가죽 재킷(제2차 세계대전에 B-17 조종사로 참전했던 삼촌 조엘에게 얻었다)까지 인디아나 존스 차림을 똑같이 따라했다. 세월이 흘러 픽사에서 일하게 된 나는 《레이더스》 대본을 분석하고 나의 영웅을 연구하면서 인디아나 존스가 끊임없이 실패했다는 사실을 새삼 알게 되어 무척 놀란 적이 있다. 인디아나 존스는 소중한 물건을 자꾸 잃어버렸다. 황금상 유물을 잃어버리고, 모자를 잃어버리고, 채찍을 잃어버리고, 동료들을 잃어버리고, 여자친구를 잃어버리고, 성궤를 잃어버리고, 운전하던 자동차 운전대도 잃어버리고, 심지어 잠깐 동안 정신도 잃었다. 그는 끊임없이 잃고 또 잃어버렸다. 알고 보니 내가 좋아하는 영화 속 영웅이 무언가를 잃어버리는 장면은 영화의 80%를 차지하고 있었다. 이 사실을 깨닫자 머릿속이 복잡해졌다. 왜 나를 비롯한 수백만 명의 팬들은 인디아나 존스를 그토록 긍정적으로만 생각하고 있을까? 영화는 인디아나 존스의 성공과 더불어 실패도 보여줌으로써 관객의 공감을 얻고 있었다. 이는 수천 년 동안 사용되어온 스토리텔링 방식이다. 픽션이나 논픽션, 엔터테인먼트, 비즈니스 분야에서 사랑받는 영웅과 리더는 모두 쉽게 상처 받는 약한 존재다. 영웅과 리더는 싸우고 실패하고 승리한다. 스티브 잡스도 무수히 많은 실패를 겪었다. 특히 넥스트(NeXT)와 리사(Lisa) 컴퓨터의 실패는 악명이 높다. 마이클 조던은 약 1만 2,000번의 슛이 실패했지만 여전히 전설적인 농구 선수로 남아 있다.

리더가 꿈과 목표를 포기할 때 관객은 그를 싫어한다. 스토리를 이어 가려면 영웅이 끝장을 볼 때까지 싸울 것이라는 사실을 관객에게 반드시 알려야 한다. 월트 디즈니는 이런 말을 남겼다. "승리와 패배의 차이는 멈추지 않는 데 있다."

리더는 소통을 잘한다. 영웅은 소통의 DNA를 타고났다. 영웅은 자신의 생각을 말한다. 그의 말에는 진심이 담겨 있고 어려운 상황일수록 그 진심은 더욱 돋보인다. 영웅은 도움을 요청한다. 영웅은 먼지 자욱한 길 한복판에서 적과 마주한다. 우리가 이 영웅에게 몰입하는 이유는 우리의 바람대로 행동하기 때문이다. 스토리의 마지막에 영웅은 여정에서 깨달은 교훈으로 관객과 소통한다. 스토리가 끝날 무렵 영웅이 터득한 지혜에는 그 이야기의 핵심과 주제가 담겨 있다.

영웅은 무언가를 발견하면서 깨달음을 얻기도 한다. 《업》에서 주인공 칼도 모든 것을 잃고 위기에 처했을 때 세상을 떠난 아내가 만든 책을 보면서 깨달음을 얻는다. 칼은 아내의 책을 한 장 한 장 넘기며 보다가 둘만의 아름다웠던 삶을 회고한다. 그러다가 마지막 페이지에 아내가 손 글씨로 쓴 문구를 발견한다. "모험을 함께해줘서 고마워요. 이젠 당신만의 새로운 모험을 떠나세요. 사랑하는 엘리가." 칼이 깨달음을 얻는 순간이다. 자신의 삶을 계속 살아가려면 이제 아내를 놓아주어야 한다는 사실을 깨닫는다. 리더인 당신도 직원, 동료, 고객과 이런 깨달음을 공유해야 한다. 더 나은 팀원, 혁신가, 소통 전문가가 되는 법을 언제 어떻게 터득했는지 나눌 수 있다.

리더는 결단력이 있어야 하고 영웅도 마찬가지다. 무슨 일이 벌어지면 리더는 결정을 내린다. 왼쪽으로 갈 것인가, 오른쪽으로 갈 것인가? 공격할 것인가, 기다릴 것인가? 실패와 죽음이 곧 자신을 삼켜버릴지도 모르기 때문에 영웅은 머뭇거리지 않는다. 설령 바라던 결과가 일어나지 않더라도 주저하거나 애매한 태도를 취하지 않는다.

좋은 스토리를 만들려면 행동을 주도하는 영웅과 더불어 멘토, 동맹, 악당 등 다른 캐릭터도 필요하다. 《스타워즈》에서 오비완 케노비, 레아, 한 솔로, 추바카, C-3PO, R2-D2 등과 어둠의 악당 다스 베이더가 없었다면 루크 스카이워커의 내러티브는 지루했을 것이다. (다음 장에서는 스토리를 성공시키는 데 필요한 여러 유형의 캐릭터 창조 비결을 살펴보겠다.)

- 우리가 영웅의 여정에 공감하는 이유는 나 자신의 여정을 반영하기도 하고 은유적으로 표현하기도 하고 내가 가고 싶은 길을 보여주기 때문이다.

- 스토리의 핵심 캐릭터(영웅이나 주인공)가 반드시 전통적 의미의 '영웅적 면모'를 지닐 필요는 없다. 그보다는 역경에 맞서 주도적으로 싸우거나 그 역경과 관련 있는 캐릭터인 것이 더 좋다.

- 우리는 삶의 중요한 요소, 즉 긍정적이든 부정적이든 인생에 영향을 미치는 것으로 스토리를 만든다. 스토리를 차별화시키고 신선하게 만드는 것은 바로 그 이야기를 전하는 스토리텔러 자신이다.

- 관객이 주인공에게 푹 빠지게 만들어야 한다. 주인공의 어린 시절은 어떠했는가? 주인공이 관객과 공유하고 싶은 관심사는 무엇인가? 주인공은 자신보다 처지가 어려운 이들을 어떻게 도와주는가? 이런 면들을 보여줄 때 관객은 영웅에게 매료된다.

- 완벽한 캐릭터는 쉽게 잊힌다. 약점이 있고 끊임없이 분투하는 캐릭터가 관객의 가슴에 오래 남는다.

- 리더는 희망을 버리지 않고, 인품이 고결하고, 진실과 공정을 가치 있게 여기고, 자신의 생각을 솔직하게 말하고, 도움을 구하는 것에 망설이지 않고, 아무도 나서지 않을 때 적과 맞선다. 리더는 결단력이 있다.

7장

조연

주인공인 고객을 어떻게 도울 것인가

나는 친구들의 소소한 도움으로
그럭저럭 살아가지요.

비틀즈

대학교 1학년 봄 학기 어느 날 학장님이 칼아츠 애니메이션학
과 건물이 떠나가게 큰 소리로 나를 불렀다. "룬, 바트 심슨 쪽
에서 전화가 왔어! 자넬 채용하고 싶다는군!" 학장님은 애니메
이션학과 학생들에게 늘 이런 식으로 채용 소식을 알리곤 했
다. 당연히 나는 일자리 제안을 수락했고《심슨 가족》시즌 3부
터 애니메이터로 합류하게 되었다. (이 책 초반에 이 이야기를 언
급하긴 했지만 그게 전부는 아니다.) 알고 보니《심슨 가족》감독
중 한 명이 내가 만든 애니메이션 단편을 인상 깊게 봤던 것이
다. 아무튼, 다음 날 할리우드 시내에 자리한 심슨 제작사 인사
과에서 면접을 보고 심슨 캐릭터를 그리는 그림 테스트도 받았

다. 시험에 통과한 후 바로 다음 주부터 일을 시작했다. 고등학교 시절 아르바이트 경험만 있던 내게는 픽사가 공식적인 첫 직장이었다.

입사 첫날 출근을 하니 쾌활한 성격의 비서가 나를 맞아주었다. 비서의 안내를 받아 간 곳은 창문이 없고 천장이 낮은 사무실이었는데, 거기서 여덟 명의 애니메이터가 각자 화판 뒤에서 그림을 그리고 있었다. 사무실에는 이런저런 장난감과 악기, 꾸깃꾸깃하게 구겨진 종이 등이 바닥에 널브러져 있었다. 소방 안전 규정과는 아주 거리가 먼 공간이었다.《심슨 가족》의 감독인 마크 커클랜드는 소년 같은 얼굴에 마르고 강단 있게 생긴 남자였다. 그는 기분 좋게 자신을 소개한 뒤 나에게 일주일 동안 해야 할 일을 주었다. 애니메이션 스튜디오에서 일하는 여느 애니메이터들이 그러하듯, 내 업무는 일주일 동안 애니메이션 25개의 샷을 만드는 일이었다. 앗! '샷(shot)'이란 영화나 TV 쇼에서 컷과 컷 사이의 모든 동작과 움직임을 말한다. 애니메이션에서 한 샷은 한 장에서 많게는 수백 장의 그림으로 구성되어 있다! 그 주 내내 밤늦게까지 일에 매달려 가까스로 마감을 했다.

작업한 결과물을 금요일에 넘겼는데 마크 커클랜드 감독이 내게 좀 앉아보라고 하더니 그림 한 장 한 장을 전부 다시 수정하기 시작했다. 이 모습을 지켜본 나는 당연히 해고될 줄 알왔다. 하지만 마크 감독은 내게 TV 애니메이션의 기초와 샷을 구성하는 기본 요소를 참을성 있게 알려주었다. 마크는 직장 세계에서 나의 첫 멘토가 되었다. 그다음 해에도 마크는 내가 매주 25개의 샷을 너끈히 완수하는 데 필요한 모든 지식과 방법을 아낌없이 알려주었다. 마크의 도움을 받으면서 나는 애니메이션 팀과도 친해졌고 팀원들은 나를 응원하며 자신감을 불어넣어주었다. 모두가 나의 든든한 동료였다.

동료 중에는 《스머프》나 《케어베어》 같은 TV 애니메이션을 작업해본 고참들도 있었다. 이 애니메이션 베테랑들은 처음에는 다정했으나 TV 애니메이션의 미래가 없다고 경고하면서 점차 냉소적으로 변했다. 다행히 다른 팀원들은 유쾌한 편이었다. 존 레논 안경을 쓰고 더벅머리를 한 매트 나스턱(Matt Nastuk)은 다재다능한 친구였는데, 늘 즐거운 유머로 분위기 메이커 역할을 했다. 현 상태에 머물러 있지 않도록 도전 의식을 심어주었고 매사 너무 심각해지지 말라며 분위기를 바꿔주었다. "아, 왜들 이래. 지금 우리 뇌수술 하는 거 아니잖아. 그냥 만화를 그리는 거라고." 하며 깔깔 웃기도 했다. 나와 같은 신참 애니메이터들과는 절친한 친구가 되어주어 나는 터놓고 고민을 상담할 수 있었다.

조감독 킴(Kim)이라는 사람도 있었다. 흑갈색 머리에 줄담배를 피우고 유명한 운동선수들과 친한 그는 우리의 처지를 비참하게 만드는 인간이었다. 어떤 이유에서인지 킴은 나를 유난히 싫어했다. 모두가 보는 앞에서 내 작업 결과물을 찢어버리는가 하면 나의 마른 체형이나 여드름 난 얼굴 등을 가지고 인신공격도 서슴지 않았다. 물론 킴이 사무실을 나가면 다른 애니메이터들이 폭군 킴을 희화화한 캐리커처를 그려주곤 했다. 멘토와 동료들이 없었다면 나는《심슨 가족》팀에서 첫해를 무사히 보내지 못했을 것이다. 어쩌면 지금의 내가 이 자리에 없었을지도 모른다.

모든 사람은 잊지 못할 조연 캐릭터들이 가득한 스토리를 가지고 있다. 지혜로운 노인, 성질 고약한 미친 상사, 멋진 꿈을 꾸는 어린아이 등 이들은 영웅이 성장하고 고난을 헤쳐 나가는 데 필요한 조연 배우다. 조연은 영웅에게 조언을 하거나 용기를 북돋워주고 때로는 역경을 딛고 목표를 이룰 수 있는 물리적 도구를 건네주기도 한다. 어떤 경우에는 영웅이 목표에 도달하지 못하도록 방해하는 장애물이 되기도 한다.

캐릭터 유형

문학, 연극, 영화 등에서 반복적으로 등장하는 캐릭터 유형이 있다. 다음은 가장 보편적인 캐릭터의 원형이다.

- 전령관(Herald): 영웅의 인생이나 세상에 변화의 필요성을 알려준다. 전령관은 인물로 등장할 때도 있지만 편지 등 다른 형태로 나타나기도 한다.
- 수호자(Guardian): 영웅이 여정을 시작하기 전 그를 시험한다. 관문 수호자(Threshold Guardian)라고도 부른다.
- 멘토(Mentor): 영웅이 악당을 물리치고 목표에 도달하는 데 필요한 정보나 물리적/상징적 도구를 제공한다.
- 동료(Allies): 영웅이 장애물을 극복하고, 악당을 물리치고, 목표를 성취하도록 돕는다.
- 장난꾸러기(Trickster): 이야기에 재미를 더하며 현 상태를 뒤흔들어놓는다.
- 모습을 바꾸는 존재(Shapeshifter): 처음에는 영웅을 돕다가 나중에는 등을 돌린다.
- 그림자(Shadow): 영웅의 주된 장애물로 외적 갈등을 유발하고 위협한다. '악당'이라고도 한다.

내가 일했던 《심슨 가족》 팀에 적용하면 다음과 같다.

- 전령관: 칼아츠에서 나에게 채용 소식을 알려준 학장
- 수호자: 《심슨 가족》 인사과 팀, 면접과 그림 시험
- 멘토: 감독 마크 커클랜드

- 동료: 동료 애니메이터들

- 장난꾸러기: 동료 매트 나스턱

- 모습을 바꾸는 존재: 냉소적인 고참들

- 그림자: 조감독 킴

사람들이 스토리를 읽고 보고 말하는 이유는 줄거리나 이야기 구조에 매료되어서가 아니라 스토리 속 주인공과 캐릭터들에게 일어나는 일에 몰입되기 때문이다. 이것이 스토리가 만들어내는 감정의 힘이다. 이 힘이 없으면 관객은 흥미를 잃는다. 주인공과 캐릭터들은 스토리에서 벌어지는 일들을 생생하게 보여주는 역할을 한다.

위에 언급한 캐릭터 유형을 당신의 스토리에 모두 넣어야 하는 건 아니다. 하지만 이 유형들은 자주 등장하므로 개인적인 스토리든 업무에 필요한 스토리든 캐릭터 유형을 넣는 방법을 찾아야 한다. 때로는 자신이 영웅이 되기도 하고 조연이 되기도 한다.

그렇다면 비즈니스 세계에서 영업 사원, 마케터, 매니저, 기술자 등으로 일하면서 손님, 고객, 잠재적 비즈니스 파트너에게 스토리를 전달할 때 우리는 어떤 역할을 맡는가?

회의실에서 일을 주도하거나 고객에게 홍보를 잘하거나 시장에서 1등을 차지하는 등 성공에 집중하다 보면 자연스럽게 자신이 영웅 역할을 맡게 된다. 우리는 흰 바지에 풀 얼룩이 묻은 고객을 돕고 싶다. 우리는 더 빠른 자동차를 세상에 내놓고 싶다. 우리는 혁신적이고 대단한 제품과 아이디어를 제공해 어려움을 겪는 사람들을 구원하고 싶다.

기업이나 마케터는 이런 식의 좁은 사고방식에 갇히는 경우가 많다. 그래서 전체 내러티브에서 미세한 변화만 주어도 고객의 인식이나 참여도를 개선할 수 있다는 사실을 인지하지 못한다.

비즈니스는 일종의 서비스다. 좋은 비즈니스는 삶의 질을 높이고, 용기를 북돋워주고, 활기를 불어넣는다. 자신이 영웅이 되어 열악한 고객을 구한다고 생각하지 말고 고객을 스토리의 '주인공'으로 캐스팅하면 어떨까? 비즈니스의 목표가 '세상 구하기'나 '보물찾기' 같은 것이 아니라, 고객이 바라는 것을 손에 넣게 하는 것이라면 어떨까? 기업은 자신의 스토리에만 골몰한 나머지 자기 제품이 진짜 영웅이 아니라는 사실을 까맣게 잊는다. 고객이 영웅이다. (물론 기업의 창업자 스토리는 예외다.)

1장 '후크'에서 말했듯이, 영웅이 성취하고 싶은 목표를 갖는 이유는 열정을 온전히 쏟아붓고 싶은 대상이 있기 때문이다. 캐릭터가 목표를 간절히 원할수록 우리는 그 캐릭터에 더 몰입하게 된다. 루크 스카이워커는 공주를 구하고 다스 베이더를 물리치는 것이 목표였다. 도로시는 마법사를 찾아 캔자스로 돌아가는 것이 목표였다.

고객에게도 그런 목표가 있다. 고객은 더 건강해지고 싶다. 고객은 가족과 더 많은 시간을 보내고 싶다. 고객은 돈을 벌고 싶고, 더 예뻐지거나 잘생겨지고 싶고, 더 안전한 자동차를 운전하고 싶다. 고객을 영웅으로 캐스팅하는 것은 비즈니스를 올바른 위치에 두고 고객의 권리를 존중하는 일이다.

그렇다고 당신이 이 방정식에서 빠져야 한다는 건 아니다. 늘 영웅을 도와주고 목표를 향해 가도록 지지해주는 존재가 있다. 이것이 멘토의 역할이다. 루크 스카이워커는 오비완 캐노비의 도움이 필요하다. 해리포터는 덤블도어가 필요하다. 도로시는 착한 마녀 글린다가 필요하다. 멘토는 영웅에게 새로운 사고방식을 알려주고 목표 성취에 도움이 될 중요한 수단을 제공한다. 루크는 포스를 사용하는 법을 배우고 광선검을 얻었다. 해리포터는 마법의 주문을 배우고 투명 망토를 얻었다. 도로시는 용감해지는 법을 배우고 빨간 루비 구두를 얻었다. 이 도구들은 영웅에게 힘을 주기도 하지만 무엇보다 목표를 향해 나아갈 수 있는 자신감을 심어준다. 마법의 도구들이 제대로 작동하지 않을 때도 있다. 아기 코끼리 덤보는 멘토이자 서커스단의 생쥐인 티모시에게 검은 깃털을 얻지만 그 깃털이 '진짜로' 덤보를 날게 하지는 못한다. 하지만 깃털 덕분에 자신감이 생긴 덤보는 자기 힘으로 날 수 있게 된다.

기업은 고객이 원하는 길을 가도록 통찰력과 수단을 제공하는 멘토 역할을 할 수 있다. 이 통찰력은 브랜드를 강화하거나 고객과 더 깊은 유대감을 쌓는 방법이 될 수도 있다. 고객이 건강이라는 목표에 도달하는 데 도움을 줄 좋은 운동화 한 켤레가 될 수도 있다. 고객의 돈을 절약해줄 연비 좋은 자동차가 될 수도 있다.

기업의 역할이 멘토에만 국한되는 것은 아니다. 영웅에게는 동료도 필요하다. 루크에게는 한 솔로, 레아, 추바카, R2-D2, C-3PO가 있다. 해리포터에게는 론과 헤르미온느가 있다. 도로시에게는 양철 나무꾼과 사자, 허수아비가 있다. 당신의 고객도 목표를 성취하려면 용감하고 믿음직한 동료가 필요하다.

동료는 주인공이 도구나 방식을 활용하는 법을 알아내도록 돕는다. 영웅이 추락할 때 다시 끌어올려준다. 영웅에게 자신감을 채워준다. 고객도 영웅처럼 시시때때로 도움이 필요하다. 하지만 고객을 얕보거나 가르치려드는 태도는 금물이다. 고객과 보폭을 맞추며 나란히 걸어야 한다. 고객이 도움을 받고 최고가 되도록 해주어야 한다. 기업은 고객과 관계를 맺고 유지하는 방법에 통달해야 한다. 좋은 기업은 단순히 물건을 파는 방법에만 골몰하지 않는다. 좋은 기업은 고객의 동료이자 친구가 된다.

동료들과 전형적인 캐릭터 유형을 통해 얻은 지혜를 공유하고 의견을 주고받으며 소통하는 것도 좋은 방법이다. 살면서 '멘토'와 '동료'가 용기를 주었던 이야기나 '관문 수호자' 덕분에 작은 프로젝트를 착실히 잘 해내고 덕분에 승진까지 이어진 경험을 나누어도 좋다. 어쩌면 '장난꾸러기' 덕분에 직장 내 분위기가 한층 밝아졌을 수도 있다. '모습을 바꾸는 존재'와 '악당'도 기꺼이 스토리에 넣어야 한다. 부정적 캐릭터는 영웅을 안전지대에서 나오도록 자극한다. 이로써 영웅은 더 성숙하고 발전한다. 빌리 크리스탈(Billy Crystal)은 이렇게 말했다. "골리앗이 없다면 다윗은 그저 돌멩이나 던지는 불량 청소년에 불과하다." 노골적으로 말하면 악당이 등장하지 않는 스토리는 재미없다. 악당과 장애물은 영웅과 캐릭터가 성장하도록 자극한다. 영웅을 더 영웅답게 만들고 멘토와 동료의 역할이 더 중요해지도록 해준다.

악당은 영웅이 더 나은 방향으로 나아가도록 몰아붙인다. 당신의 관객은 어떤 장애물에 직면해 있는가? 목표를 향해 가는 길에 마주하거나 가치관과 반대되는 모든 요소가 악당이 될 수 있다. 악당이라고 해서 모두 콧수염을 비비 꼬며 비열하게 구는 존재만 가리키지는 않는다. 영화 《인사이드 아웃》에는 우리가 흔히 아는 악당이 보이지 않는다. 조이는 더 행복한 삶을 원하는데 오직 슬픔만이 행복으로 가는 길에서 멀찍이 떨어져 있다. 볼드모트, 다스 베이더, 서쪽의 사악한 마녀 등은 모두 전통적인 악당이다. 악당은 군중일 수도 있고 기관이나 정부일 수도 있다. 심지어 얼굴이 나오지 않는 악당도 많다. 수많은 영화에서 자연의 순리를 거스르는 사람은 모두 악당이다.

악당은 극적 요소를 만들고 스토리에 재미를 더한다. 최고의 브랜드에도 늘 악당과 장애물이 있다. 1984년, 스티브 잡스는 매킨토시 컴퓨터의 첫 TV 광고를 선보였다. 광고에는 조지 오웰의 소설 『1984』에 나옴직한 암울한 광경이 그려진다. 머리를 빡빡 깎은 군중이 침울한 공간으로 발맞춰 들어와 거대한 흑백 화면 앞에 앉아 홀린 듯 화면 속 얼굴의 연설을 듣고 있다. 이때 커다란 쇠망치를 든 한 여성이 영상이 상영되는 공간 가운데 통로로 달려 나온다. 여성은 올림픽 투포환 선수처럼 망치를 들고 빙글빙글 돌다가 거대한 흑백 화면 속 얼굴을 향해 던진다. 마치 악몽에 빠진 군중을 깨우려는 행동처럼 보인다. 그리고 매킨토시 컴퓨터의 출시를 알리며 '애플의 1984년은 그들의 1984년과 다를 것이다'라는 메시지가 나온다. 직접적인 언급은 한마디도 없었지만 잡스는 IBM을 악당으로 등장시켰다. 앞으로 컴퓨터 시대에 애플의 새 컴퓨터는 차별성과 개성을 선보일 것이라는 메시지였다.

캐릭터 소환하기

그렇다면 캐릭터의 배경 스토리는 어떻게 만들어야 하는가? 나는 '소환하기(invocation)'라는 기술로 효과를 보았다. 사람들과 캐릭터의 마음속 깊은 곳에 거미줄로 뒤덮인 오래된 기억을 소환하는 것이다. 소환하기의 첫 번째 단계는 가족이나 친구, 스승 등 가장 좋아하는 대상을 적는 것이다. 그리고 가장 싫어하는 대상을 적는다. 그런 다음 그들이 어떤 사람인지 말해줄 네 가지 목록의 답을 작성해본다.

- 겉모습은 …   ⇒ 인물의 외형적 특징을 적는다.
- 그 사람은 나와 …   ⇒ 당신과 그 사람이 어떤 관계인지 적는다.
- 특별한 이유는 …   ⇒ 그 사람이 왜 특별한 사람인지 적는다.
- 그 사람은 현재 …   ⇒ 그 사람의 현재 근황을 적는다.

예를 들어 좋아하는 선생님을 소환한다면 다음과 같이 쓸 수 있다.

- 겉모습은 중년의 예술가 스타일이다. 수염을 단정하게 다듬고 안경을 쓰고 화려한 색상의 옷을 즐겨 입는다.
- 선생님은 나와 고등학교 사제지간이다.
- 선생님이 특별한 이유는 우리 가족 외에 나에게 예술가가 될 수 있다는 자신감을 심어준 사람이기 때문이다.
- 선생님은 현재 고등학교에서 은퇴한 후 샌프란시스코 베이 지역에 작업실을 임대해 행복하게 작품 활동을 하고 있다.

캐릭터 소환하기는 사람뿐만 아니라 동물이나 무생물에게도 적용할 수 있다. 예컨대, 어린 시절 가장 좋아했던 장난감이나 반려동물도 불러낼 수 있다. 관객이 공감하고 쉽게 알아챌 수 있는 인간적 요소가 있다면 얼마든지 가능하다. 인간에게 적용하는 요소를 똑같이 적용할 수만 있다면 장난감, 컴퓨터, 자동차, 동물 무엇이든 소환할 수 있다.

끈을 잡아당겨 작동시키는 낡은 장난감 우디는 인간은 아니지만 관객이 교감할 인간적 요소를 충분히 갖추고 있다. 우디는 인간처럼 슬픔, 기쁨, 질투심을 느낀다. 캐릭터를 만들 때는 모양이나 크기, 실체 같은 것은 걱정하지 않아도 된다. 관객이 감정적으로 몰입할 수 있는 대상이면 된다.

뛰어난 영화 제작자, 작가, 예술가, 음악가, 무용수 등 시각적 이미지를 창조하는 이들은 캐릭터의 내러티브에서 관객의 반응을 일으키는 감정의 힘을 찾는 것이 얼마나 중요한지 잘 알고 있다. 어떤 도구함을 선택하느냐에 따라 다양한 도구와 방식을 활용할 수 있다.

재능 있는 예술가는 관람객과 정서적 교감이 중요하며 아무리 아름다운 도법, 색상, 구도라도 관람객의 마음에 닿지 않으면 아무 소용이 없다는 사실을 잘 안다.

화가 노먼 록웰(Norman Rockwell)은 캐릭터의 얼굴, 자세, 배경을 활용해 친숙하고 감동적인 스토리를 만들어 관객과 깊이 교감했다. 사랑에 빠지는 이야기, 치과에 가면서 겁에 잔뜩 질린 이야기, 포커 게임에서 다투는 이야기 등 그의 그림이 사랑받는 이유는 관람객이 공감하기 때문이다. 미켈란젤로가 그린 시스티나 성당 천장화 속 인물들이나 로댕의 《생각하는 사람》 조각상, 찰스 슐츠의 스누피와 찰리 브라운 캐릭터도 마찬가지다. 시각적 이미지를 활용한 스토리텔러는 자신이 만든 캐릭터로 대중과 교감하는 데 성공했다.

음악가의 경우도 악기, 가사, 리듬, 멜로디, 화음 등이 캐릭터 역할을 하며 청중과 교감한다. 슬픈 카우보이 노래부터 반항적인 로큰롤에 이르기까지 음악은 남녀노소 모든 이의 감정을 흔들고 눈물 나게 하고 춤을 추게 한다.

성공한 시각 예술가나 발명가, 비즈니스 리더도 캐릭터를 통해 제품과 아이디어에 공감하게 만드는 능력이 있다. 스티브 잡스가 좋은 예다. 그는 온통 전선과 칩으로만 되어 있는 컴퓨터를 개성 있는 캐릭터로 변모시켰다. 매킨토시에 전원이 켜지면 화면에 'hello'라는 인사말이 뜬다. 매우 친근하고 인간적이다. 매킨토시의 외형도 사람 얼굴과 비슷하게 디자인되었다. 잡스는 무생물인 물체에 개성과 인격을 부여해 사람들의 마음을 움직였고 컴퓨터에 대한 고정관념까지 바꾸어놓았다.

이렇게 하려면 캐릭터의 개성을 정교하게 다듬어야 한다. 캐릭터가 어떤 존재인지 무엇이 그 캐릭터의 원동력인지 깊이 파고들어야 한다. 나는 영웅의 캐릭터아크 파악에 가장 먼저 공을 들인다. 영웅이 스토리에서 어떻게 변모해갈지 정하고 난 뒤에 다른 캐릭터들의 성격을 연구한다.

《토이 스토리 3》의 스토리를 연구하면서 우리는 가장 먼저 우디의 캐릭터아크를 만드는 데 공을 들였지만 악당인 분홍색 곰돌이 인형 '랏소 베어'는 일단 대충 얼버무리고 넘어갔다. 우디의 캐릭터 연구를 마친 뒤에야 랏소 베어를 탐구하기 시작했다. 랏소 베어가 왜 그토록 써니사이드 탁아소의 다른 장난감들 위에 잔혹하게 군림하는지 골몰했다. 바로 이 순간에 스토리텔러의 삶에서 직접 경험한 캐릭터를 불러낸다. 우리는 브레인스토밍을 하면서 왜, 어떻게 랏소가 그렇게 되었는지 생각했고, 스토리 제작팀은 저마다 어린 시절 괴롭힘을 당했던 경험을 이야기했다. 보통 불량배나 악당에게는 그렇게 될 수밖에 없었던 배경이나 사건이 있기 마련이다.

우리 스토리 제작팀은 어린 시절 가장 좋아했던 장난감에 관해서도 브레인스토밍을 했다. 나는 내 아들이 어릴 적 가장 좋아한 장난감을 떠올렸다. 파란색 조끼에 분홍색 타이를 매고 안에 솜을 가득 채운 토끼 인형이었다. 아들은 그 토끼 인형을 무척 좋아해 토끼의 긴 두 귀를 입에 물고는 어디든 데리고 다녔다. 그러던 어느 날, 함께 디즈니랜드로 휴가를 다녀왔는데 집에 토끼 인형이 보이지 않았다. 집 안을 샅샅이 뒤졌지만 토끼 인형의 그림자도 보이지 않았다. 자동차에도 찾아보고 묵었던 호텔에도 전화해보고 심지어 디즈니랜드에까지 전화해봤지만 인형은 돌아오지 않았다. 결국 나는 같은 인형을 파는 장난감 가게를 수소문하기 시작했다. 물론 제일 먼저 아버지의 가게를 확인했지만 거기도 없었다. 한참을 여기저기 찾던 중 마침내 집에서 세 시간 떨어진 곳에 위치한 장난감 가게에 같은 토끼 인형이 있다는 정보를 입수했다. 바로 다음 날 차를 몰고 가게에 갔더니 천만다행하게도 파란색 조끼에 분홍 타이를 맨 그 토끼가 앉아 있었다. 아들이 가지고 놀면서 낡고 닳았다는 점만 빼면 원래 인형과 완벽하게 똑같았다. 나는 가윗날로 토끼의 귀를 문질러 해지게 하고 길거리 바닥에 질질 끌며 코를 닳게 해 오래된 인형의 모습을 재현했다. 그랬더니 아들은 그 인형이 다른 인형이라는 사실을 눈치 채지 못했다. 그 후 몇 년이 지난 뒤 문득 궁금해졌다. 만약 원래의 토끼 인형이 다시 나타난다면 어떤 모습일까? 이 궁금증이 《토이 스토리 3》에서 랏소의 배경을 설정하는 데 영감을 주었다.

우리는 랏소의 배경 스토리를 만들었다. 랏소는 한때 어느 아이의 사랑을 받던 인형이었다. 가족 여행길에 잠시 쉬려고 들른 곳에서 아이는 장난감을 가지고 놀다가 잠이 든다. 가족은 잠든 아이를 다시 차에 태우고 집으로 향하는데 실수로 아이가 가지고 놀던 장난감을 두고 왔고 거기에는 랏소도 있었다. 랏소는 주인을 찾아가기로 한다. 몇 달간의 험난한 여정 끝에 마침내 주인을 찾았지만 창문 너머로 집 안에 자신과 똑같이 생긴 곰 인형이 보인다. 마음에 상처를 입은 랏소는 그때부터 성격이 변했다. 사랑스러운 곰 인형에서 증오심 가득한 캐릭터로 변한 랏소는 다시는 다른 아이를 사랑하지 않겠노라고 맹세한다.

캐릭터를 연구할 때는 그 캐릭터가 어떤 존재인지 분석해야 한다. 모든 면을 구석구석 살펴야 한다. 다음은 좀 더 디테일하고 진정성 있는 캐릭터를 만드는 데 도움이 되는 몇 가지 질문이다.

캐릭터는 어떤 존재인가?

- 열정 : 스토리의 시작 부분에서 이 캐릭터가 가장 간절히 원하는 것은 무엇인가?

- 두려움 : 캐릭터의 포부나 긍정적 감정 반대편에는 부정적 결과에 대한 두려움이 웅크리고 있는 경우가 많다. 이 캐릭터가 가장 두려워하는 것은 무엇인가?

- 긍정적 특징 : 캐릭터의 좋은 점은 무엇인가? 자신감, 유머 감각, 충직함, 열정 등을 예로 들 수 있다.

- 외적 특징 : 캐릭터가 태어날 때부터 지니고 있던 속성은 무엇인가? 이 캐릭터는 원래 매력적인가? 카리스마가 있는가? 부유한가?

- 결점 : 캐릭터의 약점은 무엇인가? 오만한가? 결단력이 없는가? 강박적인가?

- 어두운 면 : 캐릭터의 가장 나쁜 점은 무엇인가? 또는 캐릭터가 할 수 있는 가장 저급한 행위는 무엇인가? 거짓말? 도둑질? 원하는 것을 얻거나 가장 두려워하는 것을 피하려고 저지르는 살인?

- 존중받는 자질 : 이 캐릭터가 결점이나 어두운 면을 상쇄하려면 어떤 자질이 필요한가?

스토리 속 감정의 힘은 이야기 전체를 관통하는 두려움이

나 깊은 열정으로 귀결된다.

《토이 스토리》에서 우디를 예로 들어 '캐릭터는 어떤 존재
인가?'의 질문을 적용해보자.

우디는 어떤 존재인가?

- 열정 : 앤디의 가장 소중한 장난감이 되는 것
- 두려움 : 버려지는 것
- 긍정적 특징 : 리더, 똑똑함, 공감 능력
- 외적 특징 : 카리스마가 느껴지는 외모, 줄을 당기면 대
  사가 나오는 장치가 있음, 수집하기 좋은 인형
- 결점 : 두목 행세를 함, 거만함, 걱정이 많음
- 어두운 면 : 거짓말, 다른 인형을 망가트림, 도둑질
- 존중받는 자질 : 자신감

《니모를 찾아서》에 등장하는 니모의 아버지 말린도 분석
해보자.

말린은 어떤 존재인가?

- 열정 : 니모에게 좋은 아버지가 되는 것

- 두려움: 사랑하는 이들을 잃는 것
- 긍정적 특징: 자식에게 애정을 쏟는 아버지, 보호 본능
- 외적 특징: 해파리를 봐도 놀라지 않음
- 결점: 비관적임, 과잉보호
- 어두운 면: 화를 잘 냄, 증오심이 있음
- 존중받는 자질: 낙천주의, 근심 걱정이 없음

이런 식으로 캐릭터를 분석하면 대사를 쓰거나 상황별 반응을 구상하기가 한결 수월해진다.

이제 당신의 인생에서 맞닥뜨렸던 악당을 떠올려보자. 학창 시절 자신을 괴롭히던 사람을 골라도 좋다. 나는 이웃집에 살던 어니(Ernie)라는 사람을 떠올렸다. 어니는 정말 밥맛없는 인간이다. 당신이 떠올린 그 악당은 왜 그토록 지긋지긋한 존재인지 생각해보라. 어쩌다 그런 사람이 되었는가? 그에게 있을지도 모르는 열정은 무엇인가? 그가 가장 두려워하는 것은 무엇인가?

아무도 떠오르지 않는다면, 혹시 당신이 그 악당? 그렇다면 부끄러운 줄 알아야 한다! 아무튼, 대부분은 자신의 인생 어느 시점에서 만난 악당을 떠올렸을 것이다. 그렇다면 그 악당을 대상으로 다음 문항에 답해보자.

당신의 악당은 어떤 존재인가?

- 열정 :
- 두려움 :
- 긍정적 특징 :
- 외적 특징 :
- 결점 :
- 어두운 면 :
- 존중받는 자질 :

이 연습 과정은 악당, 영웅, 멘토, 동료 또는 스토리 속 캐릭터에게도 유용하게 적용할 수 있다. 살면서 만난 이들에게서 영감을 얻으면 된다. 어린 시절 당신을 괴롭히던 불량배가 당신의 스토리에서 악당을 구상하는 데 영감을 줄 수 있다. 영감을 얻었다면 예술적 창의력을 발휘해 스토리에 맞추기만 하면 된다.

최근 삼촌 제프가 아버지의 악당인 토미 스파크의 스토리를 들려주었다. 무척 흥미진진할 뿐 아니라 두려움을 극복하려는 이들에게도 잘 맞는 주제를 담고 있다. 다음은 삼촌이 들려준 스토리다(여기서 '나'는 삼촌 제프고, 형 마크는 우리 아버지다).

내가 다섯 살인가 여섯 살 때, 난생처음으로 주먹질을 하게 되었어.

이 모든 일은 1958년 네 아버지이자 우리 형 마크 때문에 시작되었지. 어릴 적 형은 혀가 짧고 말을 더듬었어. 몸도 이쑤시개처럼 깡말랐지. 형은 학교에서 토미 스파크라고 하는 못된 녀석에게 늘 괴롭힘을 당했어. 토미는 열 살밖에 되지 않았는데도 벌써 붉은 여드름이 나고 거뭇거뭇 수염이 자라기 시작했어. 새까맣고 숱 많은 머리는 늘 헝클어져 있었지. 하지만 수염이나 머리는 아무것도 아니야. 거대한 체구와 두꺼운 팔뚝, 빠진 이를 씨익 드러내며 웃는 섬뜩함에 비하면 말이야. 토미 스파크는 늘 재미 삼아 아이들을 괴롭혔지. 특히 형 마크가 괴롭힘의 집중 대상이었어.

네 할아버지, 그러니까 우리 아버지는 형이 매일같이 토미 스파크의 이야기를 하는 게 지겹기도 하고, 한편으로는 아들이 소심하고 내성적인 성격이 될까 걱정스러워 권투 선수 잭 뎀프시(Jack Dempsey)의 사인이 들어 있는 에버라스트의 권투 용품 세트를 사 오셨어. 세트에는 두툼하고 무거운 샌드백과 침낭, 권투 글러브 두 쌍, 권투 기본자세와 잽, 어퍼컷, 결정적 타격을 구사하는 방법이 나와 있는 그림책이 들어 있었지. 아버지는 차고에 권투 연습 공간을 만들어주고는 형에게 혼자 훈련하라고 했어. "다음에 누가 너한테 못된 말을 하거든 주먹으로 코를 날려버려라. 머리가 뒤로 휙 젖혀지도록 세게 말이야. 그 아이가 하던 말을 끝내기도 전에 주먹을 날리는 게 핵심이야."

참 아버지다운 발상이었지. 아버지는 고등학교 시절 매주 금요일 저녁이면 캘리포니아주 오클랜드에 있는 '스모커(smoker)'라는 곳에서 격투를 벌이며 용돈을 벌었거든. '스모커'는 어른들이 창고 뒤편에 있는 공간에 모여 위스키 한 병을 나눠 마시며 임시로 만든 링 안에서 아이들끼리 권투 경기를 하게 했던 곳이야. 스모커에는 늘 담배 연기가 자욱했고 아이들이 치고받고 싸우는 광경을 지켜보던 어른들의 고함과 웃음소리, 축축한 공기가 뒤섞여 있었지. 이 골초들의 공간에서 승자는 10달러를, 패자는 5달러를 받았어. 정말 잘 싸우는 아이들은 팁도 받았는데, 아버지는 늘 팁을 두둑이 받았다고 하네. 물론 코도 몇 번이나 부러졌지. 1940년대 당시에 10달러는 꽤 큰돈이었어. 이런 아버지였으니 열 살배기 아들에게 권투를 시키는 것도 무리는 아니었지. 아버지에게는 일종의 투자였던 셈이야.

아무튼 형은 매일 학교를 마치고 샌드백을 토미 스파크

의 얼굴이라 생각하고 펀치를 날렸어. 샌드백이 진짜 토미도 아니었고 거기에는 여섯 살 난 꼬마인 나밖에 없었지. 나로 말하자면, 이미 어릿광대 풍선에 무수히 주먹을 날리며 내 전투력을 입증했어. 광대의 빨간 코가 너덜너덜해진 것도 내 무시무시한 오버핸드 훅 덕분이지. 뭐 간단히 말해서 나나 형이나 그땐 싸움의 '싸'자도 몰랐던 거야.

그러다가 창고에서 일이 벌어졌어. 형이 내게 권투 글러브를 끼라고 하더니 자기에게 욕을 해보라는 거야. 난 그냥 옆구리에 손을 척 걸치고 몇 마디 했을 뿐이거든. 그런데 내 말이 끝나기도 전에 형이 내 얼굴에 펀치를 날리는 거야. 난 비틀대다가 세워져 있던 자전거에 걸려 넘어졌어. 사실 펀치는 별로 세지 않았는데 자전거랑 함께 넘어지는 바람에 몸에 균형을 잃었고 여기저기 자전거에 긁혀 상처가 났어. 내가 버둥대며 일어나려고 하자 형이 허겁지겁 달려오더라고. 이미 울먹이면서 말이야. 우리는 부모님께 이 일을 비밀로 하기로 했어.

이 일이 있고 하루 이틀 뒤부터 형과 나는 권투에서 손을 뗐어. 그런데 동네 외곽에서 우리는 토미 스파크와 딱 마주친 거야. 토미는 한 손에는 붉은색 페인트 통을, 다른 손에는 페인트가 뚝뚝 떨어지는 붓을 들고 허름하게 기울어진 현관 앞에 서 있었어. 갈라진 창틀에 페인트칠을 하던 중이었지. 동네 사람들은 토미의 집을 '촌뜨기 집'이라고 불렀어. 워낙 오래되고 낡았었거든. 그 집 맞은편에는 세탁기나 자동차 부품, 건축 폐기물 등이 산더미처럼 쌓인 곳이 있었는데 사람들은 그곳을 '언덕'이라고 불렀어. 토미는 어머니와 함께 언덕 앞 촌뜨기 집에 살고 있었던 거야.

우리가 자전거를 타고 촌뜨기 집 앞을 지나가는데 토미가 페인트가 듬뿍 묻은 붓을 우리 앞에서 마구 흔들더라고. 붉은 페인트가 형에게 사정없이 튀었지. 그냥 한두 방울 튄 게 아니라 아예 뭉텅이로 여기저기 잔뜩 묻었어. 붉은 핏자국처럼 말이야. 형은 미친 듯이 펄펄 뛰며 집을 향해 페달을 밟았고 나도 얼른 뒤따라갔어.

집에 오자마자 형은 얼굴이며 머리카락, 자전거에 묻은 페인트 얼룩을 닦아냈는데 플란넬 셔츠와 새로 산 청바지에 묻은 얼룩은 지워지지 않았어. 큰일이었지. 보나마나 아버지가 이 사실을 알게 될 거고 그러면 문제가 커질게 뻔했거든. 형이 아버지의 말대로 주먹으로 문제를 해결하지 않았으니까. 토미도 무서웠지만 이마에 힘줄이 불끈 튀어나온 아버지의 얼굴은 더 무서웠지. 그래서 형은 범행을 계획했어.

우리는 이리저리 무기를 찾기 시작했어. 그러다가 아버지가 평소 우리에게 절대 가지고 놀지 말라고 했던 연장통이 보였어. 형은 거기서 낡은 접이식 칼을 찾았지. 구식칼인데다 날도 무뎌졌고 접히는 부분도 망가졌지만 그래도 작정하고 휘두르면 사람 손가락 한두 개 정도는 잘릴 것 같았어. 우린 아버지가 제2차 세계대전 당시 이 칼을 품고 이 섬 저 섬을 돌아다녔을 모습을 상상했지. 뭐 실제로는 칼을 가지고 다니지 않았을 수도 있지만 말이야. 그래도 드라이버나 망치를 휘두르는 것보다는 칼이 훨씬 폼 나잖아.

우린 자전거를 타고 촌뜨기 집을 향했어. 가던 중 형이 자전거를 세우더니 토미에게 칼이 있다는 말을 꺼내지 말라고 당부했어. 형은 TV에서 불시에 공격하는 게 성공률이 높다는 걸 배워서 알고 있었지. 구체적인 계획은 내게 말해주지 않았어. 우린 쓰레기 언덕에 올라 자전거를 세워 두 다리로 버티고 서서 촌뜨기 집을 바라봤어. 형이 토미에게 밖으로 나오라고 소리를 질렀지. 형은 내게 다시 한번 경고했어. "절대 토미한테 내가 아빠 칼을 가지고 있다는 걸 말하면 안 돼!"

형의 고함을 들은 토미와 토미의 엄마가 비스듬히 기운 현관으로 나왔어. "무슨 일이니?" 토미의 어머니가 물었어. 토미 어머니인 스파크 아주머니도 자세히 묘사해야 하지만 말이 길어질 것 같아 짧게만 말할게. 그냥 토미랑 소름 끼칠 정도로 똑같이 생겼어. 다른 점이 있다면 아주머니가 토미보다 모든 면에서 더 컸다는 정도.

형은 덜덜 떨면서 더듬거리는 말투로 토미가 자신에게 페인트를 뿌렸다고 말했어. 스파크 아주머니는 갈라진 난간에 손을 걸치고 우리 쪽을 좀 더 가까이 보려고 몸을 기울이더군. "이리 가까이 와봐." 아주머니가 말했어. 나는 TV에서 사람들이 죽기 직전 함정에 빠지는 경우를 많이 봤던 터라 소리를 질렀어. "우리 형한테 칼이 있어요!" 스파크 아주머니는 이상할 정도로 심드렁했지. 어쩌면 아주머니와 토미도 칼을 가지고 있었는지 몰라. 어쨌든 나는 형의 비밀 병기를 누설해버렸어. 형은 토미 쪽으로 가지 않았어. "토미가 저한테 페인트를 뿌렸다고요!" 형이 다시 외쳤어. 정확히 말하면 외침보다는 찡찡거리는 소리에 가까웠지.

스파크 아주머니는 엄중한 표정으로 다시 목소리를 높이며 말했어. "이리 와봐. 어디 좀 보자." 형과 나는 언덕에서 내려갔고 아주머니는 마침내 형의 옷에 잔뜩 튄 페인트 얼룩을 확인했어. 아주머니의 얼굴색과 머리색 같은 그 얼룩을.

형이 바닥만 보며 우물쭈물하자 아주머니가 토미에게 물었어. "토미, 이거 네가 그런 거 맞아?" "네." 토미가 대답했지.

순간 아주머니는 쳐다보지도 않고 토미에게 백핸드를 날렸고 토미는 그대로 의자로 넘어졌어. 그 바람에 의자가 기우뚱 뒤로 넘어가면서 토미는 나무 벽에 머리를 부딪쳤고 쿵 하며 크고 둔탁한 소리가 났지. 토미는 벌벌 떨면서 엉엉 울기 시작했어.

"그 옷 벗어라. 내가 세탁해주마." 아주머니가 형에게 말했어. 아주머니는 정말 단호했어. 스파크 아주머니의 서슬에 눌린 형은 잽싸게 옷을 벗기 시작했지. 사람들 앞에서 아주머니가 옷을 찢는 것보다는 차라리 그 아주머니 앞에서 옷을 벗는 편이 나았으니까. 아주머니의 말투는 담담하고 무심했지만 단단히 감긴 용수철 같은 힘이 있었어. "내일 찾으러 오거라. 토미! 가서 페인트 희석제 가져와. 지금 당장!" 형과 나는 최대한 빨리 자전거를 타고 집으로 돌아왔어. 오는 내내 형은 속옷 바람에 내 셔츠를 허리에 두른 차림이었지.

다음 날, 우린 그 집을 찾아가 멀찍이 떨어진 곳에서 이리저리 동태를 살폈어. 어제 토미가 백핸드를 맞고 넘어진 그 의자에 세탁된 형의 옷이 잘 개어져 있더군. 그때 토미

네 집 안에서 너덜거리는 커튼이 움직였어. 누군가 우리를 기다리고 있었던 거지. "가자." 형이 자전거에 올라탔어. 우린 쓰레기 언덕을 넘어 토미네 집으로 향했지. 형이 그렇게 결연하게 페달을 밟는 모습은 처음 봤어. 동네 아이들도 일제히 멈춰 서서 우리를 지켜보고 있었어. 우린 자전거에서 내려 옷을 가지러 토미네 집 현관 계단을 올라갔지.

토미네 집 문이 열렸어. 그리고 토미 스파크가 나왔지. 흘끗 보니 형은 주머니에 손을 넣어 칼이 잘 있는지 확인하더군.

"미안해. 페인트를 너한테 뿌리려던 게 아니야. 그냥 우연히 그렇게 된 거야." 토미가 현관의 낡은 바닥에 시선을 떨군 채 말했어. "토미!!!" 그때 안에서 천둥 같은 고함소리가 들렸어. 토미는 화들짝 놀라 부르르 떨었지.

토미 스파크는 고개를 들고 형의 얼굴을 똑바로 바라보았어. 둘은 서로의 눈을 응시했지. "마크, 정말 미안해. 내가 너한테 페인트를 뿌렸어. 그런 짓을 하면 안 됐는데. 너는 나한테 그렇게 굴지 않았는데. 내가 괜히 그런 짓을 했어." 토미가 형에게 손을 내밀었어.

형은 꼿꼿했어. 그러고는 움켜쥐고 있던 칼을 놓고 토미의 손을 잡았지. "내 자전거 탈래?" 형이 물었어.

그날 두 가지 큰 사건이 일어났어. 첫째, 토미와 형은 친구가 되어 둘 다 스파크 아주머니를 무서워하게 되었지. 둘째, 형이 말을 더 이상 더듬지 않았어. 그리고 이 모든 일은 1년 만에 잊혔지.

이 스토리에서 우리 아버지는 소심하게 주눅 들어 있다가 두려움에 맞서는 용기를 배웠고 삼촌은 불량배조차도 친구로 바꿀 수 있다는 사실을 배웠다. 명심하자. 소비자, 고객, 잠재 고객 누구나 현재 진행형인 영웅이다. 당신은 그들의 길에 놓인 걸림돌을 파악하고, 함께 나란히 걸으며, 그들이 성공하는 데 필요한 도구를 훌륭한 스토리로 들려주어야 한다. 그들은 대단히 특별한 위치에 있다.

- 사람들이 스토리를 읽고 보고 말하는 이유는 스토리 구조에 매혹되어서가 아니라 캐릭터에게 일어날 일에 몰두하기 때문이다. 이것이 스토리의 연료인 감정의 힘이다.

- 사실이든 허구든 여정에 오른 영웅 곁에서 조력자는 영웅의 도전과 성장을 도울 수 있다. 조력자 캐릭터는 영웅에게 조언과 용기를 주기도 하고 장애물을 극복하고 목표를 성취하는 데 힘이 되는 물건을 건네기도 한다. 반대로 조력자가 걸림돌이 될 수도 있으며 영웅이 목표에 도달하는 과정에서 넘어야 할 도전 과제가 되는 경우도 있다.

- 캐릭터 유형(전령관, 수호자, 멘토, 동료, 장난꾸러기, 모습을 바꾸는 존재, 그림자 등)은 평소 흔히 접할 수 있어 개인적인 스토리나 공적인 스토리에 활용 가능하다.

- 영업 사원, 마케터, 매니저, 기술자로 일하다 보면 고객, 소비자, 미래의 비즈니스 파트너에게 스토리를 전달할 때 자신이 영웅이 되어 고객을 구해주겠다는 식의 태도를 취할 때가 많다.

- 고객을 영웅으로 설정하면 제품 판매에만 연연하지 않고 고객의 필요와 목표에 집중하게 된다. 제품 자체는 진짜 영웅이 아니지만, 영웅이 목표를 성취하는 데 도움을 줄 수 있다. 고객을 영웅의 위치에 두면 비즈니스가 올바른 자리를 찾고 고객의 권리를 존중하게 된다.

■ 당신의 고객은 무엇을 목표로 삼는가? 고객이 목표에
  도달하도록 돕는 동료나 멘토가 되는 건 어떤가? 고객
  이 직면한 문제는 무엇인가? 고객이 문제를 극복하도
  록 도우려면 어떻게 해야 하는가?

8장

혁신

일터의 문화가 창의력을 결정한다

재미없는 사람은
좋은 제품을 만들기 어렵다.

데이비드 오길비

내가 이십 대 초반에 픽사에 입사했을 때 직원은 약 80명 정도였다. 할리우드의 알력 다툼에서 멀찍이 떨어지고 싶었던 스티브 잡스는 샌프란시스코 베이에 있는 작은 해변 도시 포인트 리치몬드에 위치한 건물을 임차했다. 제2차 세계대전 당시에는 조선업이 발달한 도시였지만 전쟁 이후 도시 경기는 점점 쇠퇴했다. 거대한 시멘트 건물은 멋진 스토리를 탄생시킬 공간처럼 보이지는 않았지만 적당한 고립감과 저렴한 임차료가 꽤 괜찮았다.

이때만 해도 픽사는 잘 알려지지 않은 기업이었다. 그저 현란한 3D 그래픽을 제작하는 작은 업체에 불과했다. 가끔 라이프세이버스(Lifesavers)나 리스테린(Listerine) 같은 업체의 TV 광고를 애니메이션으로 제작하기도 했지만 다른 건 그다지 알려지지 않았다. 그렇지만 우리에겐 근사한 아이디어가 있었다. 애니메이션 역사상 최초로 CG 애니메이션을 만들고 싶었다. 픽사에서 일한 처음 몇 년은 마법 같았고 이후 32년 동안 '픽사 문화'가 만들어졌다.

낡아빠진 회색 사무실들과 어둑한 복도뿐이었던 허름한 건물을《토이 스토리》,《벅스 라이프》,《토이 스토리 2》,《몬스터 주식회사》 등이 탄생한 활기찬 일터로 바꾼 것은 처음부터 함께한 80여 명의 직원들이었다. 스티브 잡스를 비롯한 픽사의 경영진은 우리에게 개인 작업 공간을 마음껏 꾸미라고 했다. 우리는 오래된 소파와 탁구대, 게임기, 장난감 등을 가져왔다. 칵테일 바와 시리얼 바도 만들었고 심지어 철망과 폼, 펠트 등으로 3.6미터에 달하는 거대한 나무까지 만들었다.《토이 스토리》를 제작하는 동안 픽사 핼러윈 파티를 위한 의상을 정성 들여 만들기도 하고 게임 트론(Tron)에 나오는 미로처럼 복잡한 건물 복도에서 매일 스쿠터 경주를 열었다. 벽에는 커다란 만화를 그렸고, 우리가 직접 우스꽝스러운 동물 쇼를 연기하며 그 장면을 촬영하기도 했다. 픽사 스튜디오는 단순한 사무실이 아니라 우리의 놀이터였다. 덕분에 스튜디오에서 일하고 놀면서 즐거운 시간을 보냈다. 회사에 나가지 않는 유일한 날은 집에 빨래하러 가는 날이나 옆에 있는 주유소가 폭발해 유독가스에 중독될 위험이 있다며 도시 주민들을 모두 대피시키던 날뿐이었다.

픽사 문화는 어느 날 갑자기 마법처럼 생긴 것이 아니라 여러 요소가 어우러져 탄생한 결과물이다. 첫 번째 요소는 칼아츠다. 픽사 직원 상당수가 칼아츠 출신이었고 우리는 늘 손톱 밑이 새까만 철부지들이었지만 칼아츠 특유의 활기와 자유로운 창의력을 그대로 가지고 픽사에 들어왔다. 칼아츠의 문화는 스티브 잡스가 애플에서 가져온 혁신적인 문화와도 결합했다. 이것이 두 번째 요소다.

세 번째 요소는 라이트 앤 매직(Light and Magic, 조지 루카스 감독이 심혈을 기울여 만든 스튜디오)부터 존재한 기술과 영화에 대한 열정이다. 픽사의 아이디어는 1980년대 라이트 앤 매직의 컴퓨터 그래픽 부서에서 출발했다. 이렇게 창의력과 혁신, 기술이 융합되어 픽사만의 독특한 문화가 형성되었다.

엔터테인먼트 분야든 일반 비즈니스 분야든 누구나 창의력이 싹트고 혁신이 지지받는 업무 환경, 서로를 이해하고 응원하며 동기를 부여하는 팀원을 원한다. 말처럼 쉽지는 않지만 다행스럽게도 가능한 일이다! 픽사의 성장과 성공, 예상되는 리스크 대처 능력은 스티브 잡스가 모든 직원에게 창의력을 마음껏 발휘할 수 있는 업무 공간을 만들어주었기 때문에 가능하다고 생각한다. 영화 산업에서 오직 픽사만 창의력을 갖춘 건 아니다. 할리우드나 다른 곳에서도 창의력 넘치는 인재들이 수 없이 많다. 하지만 픽사가 큰 성공을 거둘 수 있었던 이유는 직원들이 마음껏 기량을 펼칠 자유가 있었기 때문이다. 자유로운 창의성과 행복감이 없었다면 성공은 오래 가지 못할 것이다. 픽사도 예외는 아니다.

창의력 넘치는 업무 환경을 만들려면 세 가지 중요한 요소가 뒷받침되어야 한다. 그 요소는 물리적 환경의 변화, 실패에 대한 두려움 제거, 혁신을 격려하는 문화다.

물리적 환경의 변화

물리적 환경은 중요하다. 보고 냄새 맡고 듣는 것, 벽, 조명, 가구, 평면도 등 모든 세부적 요소가 어우러져 창의력을 불러일으키기도 하고 방해하기도 한다. 일터에 직원이 80명이든 8,000명이든 늘 개선의 여지는 있다.

픽사는 처음 몇 편의 영화가 잇따라 성공하면서 팀의 규모도 커졌고 더 큰 공간이 필요했다. 그래서 스티브 잡스는 샌프란시스코 해변 건너편에 있는 곳으로 회사를 옮겼다. 한때 오클랜드 오크스 마이너리그 야구팀의 연고지였던 곳이다. 돌

(Dole) 통조림 공장이 들어서면서 유독 물질이 토양에 흡수되어 엉망이 된 지역이었다. 저렴한 토지를 찾던 스티브는 그 부지를 매입해 픽사의 신사옥 건설에 착공했다.

스티브는 먼저 오염된 토양을 3m 가량 파낸 후 우리의 업무 공간을 디자인하기 시작했다. 그의 샘솟는 아이디어에 직접 영향을 미친 것은 애플에서 겪은 실패였다. 애플에서는 사람들이 출근하자마자 각자 자기 사무실로 들어가 하루 종일 틀어박혀 있었다. 공동체, 혁신, 행복한 업무 환경을 조성하기에 좋은 환경은 아니었다. 팀 정신도 전혀 자라나지 않았다. 지나치게 넓고 편리한 업무 환경이 좋은 의도와는 다르게 직원들을 그 안에 틀어박히게 만들기도 한다. 잡스는 같은 실패를 두 번 겪고 싶지는 않았다.

그 결과 픽사 신사옥에는 욕실과 카페테리아가 건물 중심에 자리 잡았다. 직원들이 곧장 서로에게 갈 수 있는 길을 터놓았다. 퇴근할 때는 직원들이 서로 웃으며 인사하고 진행 중인 업무 이야기를 나누기도 했다. 자신의 의견에 공감해줄 사람을 찾거나 문제 해결을 도와줄 사람을 찾기도 했다. 사무실은 자연스럽게 창의력이 샘솟고 여러 아이디어가 서로 만날 수 있는 방향으로 배치되었다.

업무 환경에 가구나 고정 장치 같은 물리적 요소를 배치하는 것도 중요하다. 먼저 작은 것부터 시작해야 한다. 예를 들어,

직사각형의 탁자에서 회의를 하면 직책이 높은 사람이 맨 끝 상석에 앉거나 상석에 앉은 사람에게 높은 지위가 부여된다. 서열은 만들어진다. 설령 무의식적이라 해도 회의 자리에 지위가 부여되면 자신도 모르게 권위를 행사하게 된다. 재판 배심원단을 대상으로 진행한 어느 연구에서 회의 중 상석에 앉은 사람이 대체로 배심원장이 되는 경우가 많다는 사실을 발견했다. 가장 좋은 아이디어나 문제 해결책에 집중하지 못하고 왕을 흡족하게 해주느라 전전긍긍하거나 왕이 되려고 호시탐탐 골몰하다 보면 팀워크는 뒷전이 되기 십상이다. 좋은 팀워크가 생기려면 모두가 평등하게 이야기를 나눌 수 있고 권위적인 상석이 없는 원형 탁자가 좋다.

칼아츠에서는 학생들에게 저마다 개인 공간을 제공해 창의력과 공동체 문화를 독려했다. 신입생 시절 나는 1.8제곱미터 크기의 개인 작업 공간을 좋아하는 물건으로 가득 채웠고, 거기서 내 첫 단편 애니메이션 작품을 만들며 많은 영감을 받았다. 다른 친구들도 마찬가지였다. 우리는 학교의 창의적 문화를 그대로 픽사로 가져와 우리의 작업 공간에 펼쳐놓았다. 그 결과 사람들은 사무실을 대화를 시작하는 공간으로 활용했고 저마다 자신의 자리를 개성 있게 꾸미며 업무 시간을 즐겁게 보냈다. 픽사 직원들은 온갖 방식으로 각자의 개성을 드러냈는데 정글 동굴과 무허가 술집에서부터 부서진 비행기 내부나 레고로 지은 성에 이르기까지 정말로 다채로웠다. 이러한 분위기 덕분에 자유로운 대화와 창의적인 아이디어가 펼쳐졌고 공동 목표를 중심으로 직원들이 단결할 수 있었다. 사람은 자신을 행복하게 해주는 것들에 둘러싸여 있을 때 최고의 창의력과 혁신력을 발휘할 수 있다.

실패에 대한 두려움 제거

많은 사람이 하루하루를 두려움 가득한 공간에서 보낸다. 기회를 잡는 것에 대한 두려움, 혁신에 대한 두려움, 독창성에 대한 두려움. 과연 왜 그럴까? 이 모든 두려움은 어린 시절로 거슬러 올라간다. 어렸을 때는 뭔가 기준에서 벗어나면 쉽게 눈에 띈다. 발명에 소질이 있거나 창의력이 뛰어나면 눈에 띄어 찍히거나 괴롭힘당할 위험이 커진다. 학교에서도 '정답'을 벗어나면 낙제한다. 여기서 우리는 이런 메시지를 얻는다. '뭔가 새로운 것을 시도하면 친구들에게 놀림당하거나 낙제생이 된다.'

　운 좋게도 나는 아버지 덕분에 실컷 엇나갈 수 있었다. 아버지를 포함한 우리 가족은 내가 유난스럽게 굴어도 포용해주었고 심지어 남과 다르게 살아가라고 격려해주기까지 했다. 내가 칼아츠를 가고 싶었던 것도 창의적인 사람들이 많았기 때문이다. 칼아츠에서는 창조하고 실패하고 새로운 것을 만들도록 격려해준다고 들었기 때문이다. 세계 각지의 재능 있는 사람들이 구글, 애플, 픽사 같은 기업을 선호하는 이유도 마찬가지다. 이 기업들은 기회가 무궁무진하다.

하지만 안타깝게도 대다수 기업은 그렇지 못하다. 대부분의 조직은 두려움이 지배하는 문화를 구축한다. 직원들은 즉흥적이고 창의적인 위험을 무릅쓰기보다 안전한 선택을 한다. 상사나 사장의 눈치를 보느라 지나치게 조심스럽다. 이런 분위기에서는 결코 어떤 것도 무리하거나 흠집을 내지 않는다.

여기서 말하는 두려움은 곰에게 쫓기며 느끼는 종류의 공포가 아니다. 곰에게 쫓기는 상황에서 느끼는 것은 패닉에 가까운 공포다. 여기서 말하는 두려움은 멍청해 보일까 봐, 상대의 의견에 반대했을 때 자신의 평판이 잘못될까 봐, 더 심하게는 직장에서 해고당할까 봐 느끼는 공포다. 이런 공포는 누구에게도 생산적이지 못하다.

명심하자. 직원들은 기회를 주어도 실패할 것이다. 하지만 진짜 창의적인 기업이 되려면 실패가 예상되는 아이디어에도 도전해야 한다. 전체 과정 중에 실패는 일부일 뿐이다. 때로는 실패에서 얻은 교훈이 훨씬 더 큰 성공으로 가는 지름길을 열어주기도 한다.

내가 작업한 다수의 애니메이션 작품들, 내가 생각해낸 수천 가지의 아이디어들은 결국 영화화되지 못했다. 하지만 내 아이디어와 그림은 최종 작품으로 가는 과정에서 큰 도움이 되었다. 다른 구상이 떠오르도록 영감을 주고, 다른 아이디어들과 연결되기도 하고, 지금까지와는 다른 관점을 갖게 해주었다.

기업이 신제품을 판매하려면 그 제품이 제대로 작동하는지 완전히 확인될 때까지 수천 번 시험해야 한다. 새로운 아이디어나 솔루션도 마찬가지다. 혁신적인 문화를 구축한다는 것은 모든 아이디어가 환영받는 문화를 만든다는 것이다. 큰 성공을 거두기 전까지는 몇 가지에서 수천 가지의 나쁜 아이디어를 거쳐야 한다.

사람들은 대부분 기회가 왔을 때 실패에 대비해야 한다고 생각한다. 우리는 약한 모습을 솔직하게 드러내는 게 두렵다. 어떻게든 체면을 살리고 싶다. 엄격한 수행 평가가 두려움의 문화를 키운다. 남들에게 비웃음을 당하거나 해고될 위험 앞에서는 굳이 평지풍파를 일으키지 않는다. 하지만 실패 자체가 나쁜 것은 아니다. 우리 시대의 위대한 지성인들과 예술가들은 실패를 환영할 뿐 아니라 밥 먹듯이 실패한다! 훌륭한 리더는 더 나은 리더로 성장하기까지 수백 번 실패했다. 진정 발전하고 싶다면 끊임없이 시험하고 또 시험해야 한다.

타인의 관점을 열린 마음으로 받아들이는 팀을 반드시 만들어야 한다. 설령 타인의 관점이 자신의 원래 계획과 정반대가 되더라도 열린 마음을 가져야 한다. 그러려면 인내와 신념이 필요하다. 실패할지도 모르는 아이디어들이 쌓이고 쌓여 마침내 위대한 아이디어가 된다는 신념 말이다.

내가 작업한 모든 영화는 늘 시작부터 엉망이었다. 지난번 프로젝트 때 저지른 실수에서 교훈을 얻었다고 생각하지만 늘 새로운 교훈들과 만나게 된다. 이 모두가 창의적 과정의 일부다. 예를 들어《토이 스토리》에서 우디는 비호감형의 멍청한 캐릭터였다. 우디는 다른 장난감들을 부하처럼 대했다. 초반에 작업한《토이 스토리》를 봤던 사람들은 아무도 우디를 좋아하지 않았다. 디즈니에서는 우디가 너무 비호감 캐릭터라 영화에 투자하지 않겠다고 했다. 전혀 기대하지 못한 반응이었다. 우리의 원래 계획은 우디가 점점 좋은 캐릭터로 변모해 영화 후반부에는 멋진 캐릭터로 재탄생하는 것이어서 초반 설정을 그렇게 했을 뿐이다. 하지만 안타깝게도 우리는 선을 넘고 말았다.

다행히 첫 번째 시도에서 중요한 깨달음을 얻은 우리는 다시 캐릭터를 수정했다.

많은 기업이 실패를 두려워한 나머지 기업의 역량을 현재 추구하는 목표에 잘 맞는 안전한 아이디어에만 쏟아붓는다. 그러다가 나중에 문제가 생겨도 그 결정을 바꾸지 않는다.

《몬스터 주식회사》의 전작인《몬스터 대학교》을 처음 개발할 때 우리는 파란색 털이 북실북실한 커다란 괴물 설리를 주인공으로 삼았다.《몬스터 주식회사》에서도 설리가 주인공이라는 사실을 모두 쉽게 받아들였다. 그래서 설리를 주인공으로 생각하고 스토리를 쓰기 시작했다. 하지만 스토리를 여러 버전으로 쓰고 또 썼지만 아무도 스토리가 제대로 진행되고 있다고 느끼지 않았다. 결국, 우리는 이 스토리가 설리가 아닌 마이크 와조스키의 이야기임을 깨달았다. 사랑스러운 외눈박이 녹색 괴물 마이크는 아무에게도 겁을 주지 못하면서도 평생의 꿈이 몬스터 주식회사의 '겁주기' 몬스터가 되는 것이었다.

우리는 그동안 설리가 주인공인 다양한 버전의 스토리보드와 각본에 공을 들였다. 만약 그때 썼던 여러 각본 중 하나로 스토리를 만들었다면《몬스터 주식회사》는 그저 평범한 영화가 되었을지 모른다. 하지만 픽사 문화가《몬스터 주식회사》를 구해냈다. 우리가 생각하는 최고 버전의 영화에 도달할 때까지 멈추지 않고 탐구하고 고민하게 만들었다.

만약 당신의 회사에서 동료가 한창 진행 중인 프로젝트에 대고 불쑥 전혀 새로운 아이디어를 제안한다면, 그리고 그 아이디어가 진행 중인 프로젝트보다 더 괜찮다면 어떻게 하겠는가? 프로젝트의 방향을 바꾸라고 선뜻 격려하고 확신을 줄 수 있는가? 회사에서 평범한 아이디어라는 사실을 잘 알면서도 두려움 때문에 아무 말 하지 못하고 그냥 기존 프로젝트를 진행했던 적이 얼마나 많은가?

실패는 되도록 일찍 빠르게 겪는 것이 중요하다.

미국 코미디 프로그램인 《새터데이 나이트 라이브(SNL, Saturday Night Live)》를 만드는 제작진은 일주일 동안 완전히 새로운 에피소드의 대본을 쓰고 연기하며, 언제나 자신만의 독특한 스타일과 이야기가 있는 게스트를 초대한다. 작가와 배우가 가장 먼저 해야 할 일은 가능한 한 최악의 대본을 제안한 뒤 그 대본대로 어색함을 깨는 연기를 펼치는 것이다. 이 훈련은 큰 웃음으로 이어졌고 서로 판단하지 않고 창의력을 키울 수 있는 환경을 만들었다.

일터에서는 창의력과 더불어 창의력에 대한 책임감이 중요하다. 창의력에 대한 책임감은 위험을 두려워하지 않는 문화를 만드는 데 필요한 건강한 피드백을 주고받는 방식으로 키울 수 있다. 개발 초기 단계부터 아이디어를 공유하고 창의적 인재들이 서로 의견을 나누면서 올바른 방향으로 가고 있는지, 목표 고객에게 제대로 도달하는지, 브랜드의 감성을 제대로 소통하고 있는지 확인할 시간과 공간이 필요하다.

좋은 피드백을 주기 위해서는 피드백을 받는 방법부터 제대로 알아야 한다. 좋은 피드백을 주고받으려면 다음의 요건이 필요하다.

• 허심탄회 : 정직하되 예의를 지키자.

- 상호 존중: 모두 같은 목표를 향하고 있고 모든 사람이 동등하게 중요하다는 사실을 잊지 말자. 단순히 재를 뿌리겠다는 마음으로 또는 기분이 좀 나아지려고 날선 비판을 해서는 안 된다.
- 시기적절: 동료가 제안한 아이디어에 신속하게 응답하자. 꼼꼼하게 의견을 주기 위해 지나치게 긴 시간을 들인다면 상대는 이미 다른 방향으로 가고 있을 수도 있다. 그때는 당신의 의견이 소용없을지도 모른다.
- 간결함: 의견을 소설처럼 구구절절 쓰지 말자. 의견은 최대한 명확하고 짧은 것이 좋다.
- 한계: 프로젝트의 한계를 늘 염두에 두어야 한다. 예를 들어 마감, 예산, 가용한 도구, 기술적 한계 등.
- 방향성: 상대방 아이디어의 성공이나 실패 여부를 평가하지 말자. 아이디어를 더 나은 방향으로 진행할 만한 실행 가능한 수정 방법을 제안하자.
- 질문: 질문을 두려워하지 말자. 설명할 기회가 생기면 진행하는 프로젝트에 대한 아이디어가 더 성장하는 데 도움이 된다. 가장 중요하게 추진하고 싶은 것은 무엇인가? 사람들에게 주고 싶은 감정은 무엇인가? 상대방이 그것을 더 깊이 성찰하고 들여다보도록 해주자.

피드백을 받아야 한다면 진행 중인 프로젝트와 관련해 솔직한 의견을 들려줄 사람을 찾아야 한다. 시나리오를 써본 적이 없는 사람은 영화에 필요한 최고의 조언을 해주지 못할 것이다. 보편적 피드백이 필요할 때도 있고 구체적 피드백이 필요할 때도 있다. 해당 분야의 전문가가 아닌 '일반인'은 스토리에 전혀 도움이 되지 않는 과한 칭찬이나 애매한 요구로 당신을 궁지에 빠지게 할 수도 있다.

혁신을 격려하는 문화

많은 사람이 혁신을 말하지만 진짜로 혁신적인 결과를 가져오는 경우는 드물다. 성공적인 혁신을 이루려면 실패가 거듭되어도 느긋해져야 한다. 스타트업일수록 쉽게 혁신을 시도한다. 스타트업은 잃을 돈도 명예도 지위도 없기 때문이다. 하지만 열심히 분투하면 큰 이익을 얻게 되고, 혁신과 성공으로 가는 길에 놓인 위험도 기꺼이 감수할 수 있다.

안타깝게도 수많은 기업에게 성공은 죽음의 키스와도 같다. 혁신적인 스타트업이 흡족할 만한 성과를 이루고 나면 더이상 위험을 감수하기 두려워진다. 하지만 월트 디즈니나 스티브 잡스, 일론 머스크 같은 기업인들은 예외다. 충분히 성공했지만 이후에도 끊임없이 혁신을 추구했다. 단순히 돈을 버는 것보나 너 큰 가치에 집중했기 때문이다. 퍼스널 컴퓨터나 놀이공원, 전기 자동차와 같은 세상 사람들이 사랑해줄 그 무언가를 만드는 데 오롯이 집중했다.

그렇다면 혁신이란 무엇일까? 혁신이란 사람들이 원하는 새로운 무언가를 만드는 것이다. 심지어 사람들이 자신이 무엇을 원하는지 채 알기도 전에 그것을 만드는 것이다. 우물 밖으로 벗어나 혁명을 일으키는 것이 혁신이다. 자동차의 개척자인 헨리 포드는 이런 말을 남겼다. "만약 내가 사람들에게 무엇을 원하느냐고 물어봤다면, 그들은 (자동차가 아니라) 더 빠른 말(馬)이라고 했을 것이다." 혁신을 이루려면 전혀 다른 관점으로 세상을 바라보는 안목, 뜻밖의 장애물을 발견하는 능력 그리고 그 장애물을 뜻밖의 방법으로 해결하는 능력이 필요하다.

우리 아버지는 수년간 기회만 생기면 샌프란시스코 베이에 새로운 장난감을 들여왔다. 유럽에서 스머프를 수입했고 아시아에서는 변신 로봇 장난감을 가져왔다. 아무도 그런 장난감을 알지도 못했을 때인데 말이다. 이것이 바로 제프리스 토이즈를 특별하게 만들고 고객들에게 놀라움을 선사하는 혁신 정신이다. 몇 년 후 장난감 회사 해즈브로(Hasbro)가 이 변신 장난감 시장의 잠재력을 파악하고 직접 변신 로봇을 만들었는데 그것이 바로 '트랜스포머'다. 늘 신선한 놀라움을 선사하지 않는다면 사람들은 서서히 관심을 잃고 등을 돌리기까지 한다. 1990년대 중반 어느 날 오후, 나는 할리우드에 있는 마트에서 계산하려고 줄을 서 있다가 우연히 계산대 직원과 손님이 주고받는 대화를 듣게 되었다. 계산대 직원이 손님에게 무슨 일을 하느냐고 묻자 고객은 디즈니에서 애니메이터로 일한다고 답했다. 그러자 직원이 단박에 이렇게 대꾸했다. "제발, 지금 만들고 있는 게 또 다른 뮤지컬 애니메이션은 아니라고 말해줘요." 뼈 때리는 피드백이었다.

픽사에서 일한 지 10년이 지난 뒤에도 우리 회사는《토이 스토리》의 우디와 버즈,《몬스터 주식회사》의 설리와 마이크,《니모를 찾아서》의 말린과 도리 등 우정을 주제로 하는 영화를 반복해 만들고 있었다. 물론 우리가 만든 모든 영화가 블록버스터이긴 했지만 뭔가 공식을 깨고 판을 바꿀 작품이 필요했다. 그래서 픽사는《인크레더블》을 만들었다. 왜 우리는 이 기회를 잡았을까?

대중은 똑같은 것 말고 그 이상을 원한다고 말하지만, 그것을 직접 눈으로 보기 전까지는 자신들이 정확히 무엇을 원하는지 모르는 경우가 많다. 마트 직원이 "또 우정 영화를 만드나요?"라고 투덜대기 전에 혁신해야 한다.

아이디어를 개발하고 완벽하게 다듬는 전문 팀이 필요하지만, 이와 동시에 동료들에게 진행 상황을 보여주고 피드백을

얻어야 한다. 스토리 전문가뿐 아니라 기술팀이나 인사팀에게
도 피드백을 구해야 한다. 설문 조사를 통해 스토리 속 영웅과
주제가 뚜렷하게 드러나는지 거슬리거나 이상한 부분은 없는
지 확인해야 한다. 이 모든 피드백을 잘 정리해 스토리를 더욱
단단하게 보강하거나 필요하면 바꿔야 한다.

픽사에서는 영화 개봉 6개월 전부터 직원이 아닌 일반인
들에게 미리 영화를 보여주고 우리가 놓친 부분이 있는지 확인
한다. 스토리의 요점은 불분명하지 않은지, 너무 지루해 유머
요소를 더 첨가해야 할 부분은 없는지 등을 점검한다.

스타트업처럼 끊임없이 생각할 수 있도록 모든 수단과 방
법을 동원해야 한다. 한때는 창의적이었지만 지금은 사라진 기
업들은 위험을 감수하려는 의지나 생존을 위한 싸움을 잃어버
린 곳이다. 모든 일이 예측 가능해지면 과연 우리가 혁신적인
지 스스로 물어볼 때가 된 것이다. 다시 한번 기회를 잡을 수 있
도록 마음을 활짝 열어야 한다. 원작보다 훌륭한 속편 영화가
과연 얼마나 될까? 거의 없다. 기업들은 의식적으로나 무의식
적으로 안전하게 선택하려 하고 승리의 월계관에 안주하려 한
다. 엔터테인먼트 사업과 일반 비즈니스 분야에서 늘 벌어지는
일이다.

좋은 직원과 오래도록 함께하기

수많은 기업이 인재 발굴에 어려움을 겪고 있다는 점도 중요하게 생각해봐야 한다. 사람들은 두둑한 보너스나 넉넉한 임금을 넘어 무언가 배우고 성장하고 있다는 것을 느끼고 싶어 한다. 돈은 안정감을 주어 한곳에 머물게 하지만 도전과 새로운 기회는 신선함을 느끼게 하고 성장하게 만든다.

직장에서 모든 직원이 이용하고 꾸준히 도전할 수 있는 수업을 제공하는 것도 유용한 방법이다. 조각 수업, 그림 수업, 요리 수업, 즉흥 연기 수업 등 제공할 수 있는 수업은 무수히 많다. 새로운 배움은 뇌에 신선하고 짜릿한 자극을 준다. 직장에서 수업을 제공하는 방법과 더불어 직원들에게 사진 수업이나 요가 수업, 자동차 쇼 등 스스로 강좌나 행사를 열 수 있는 권한을 부여하는 것도 좋다.

업무 외 독창적인 경험을 적극적으로 장려해보자. 고정관념에서 벗어나 생각하도록 영감을 불어넣는 글쓰기 수업을 듣거나, 다양한 박람회나 전시회에 참여한 직원에게 교육 수당을 지급하자. 이런 모험은 연구 답사나 업무 답사 등으로 포장될 수도 있다. 픽사 팀이 《카》 제작을 위해 66번 국도 답사 여행을 2주간 다녀왔던 것처럼 말이다.

한 회사에서 오래 일하다 보면 정체성의 위기가 생기기도 한다. 10~30년 정도 한 회사에서 근무하면 자신과 회사를 분리할 수 없게 된다. 정체성을 상실하면 그 자리는 절망감으로 채워진다. 이 문제와 싸우려면 직장 바깥에서도 계속 살아갈 방법을 찾아야 한다. 나의 경우는 픽사에서 일하는 동안에도 글쓰기와 개인 프로젝트를 꾸준히 진행했다. 어린이를 위한 그림 그리는 법 책도 몇 권 쓰고 어른을 위한 스토리 세미나도 개최했다.

픽사의 어떤 동료들은 이미 직장 업무 외 프로젝트를 진행하고 있었다. 단편 영화를 만들거나 동화책을 쓰는 직원도 있었다. 직원이 업무 외 분야에 창의적 재능을 발휘하도록 허락하면 그 직원은 행복감이 커지고 거기서 얻은 긍정적 경험을 다시 회사로 가져오는 선순환이 이루어진다. 세계 최고의 기업 중 상당수가 이미 그렇게 하고 있다. 기업 입장에서는 이 때문에 시장에서 또 다른 경쟁 상대가 만들어질 수도 있겠지만, 좋은 직원이 정체성과 열정을 잃는 것이 훨씬 더 큰 손해로 다가올 수 있다는 사실을 명심하자.

- 직장에서 창의력을 독려하려면 물리적 환경 조성, 실패에 대한 두려움 제거, 혁신을 격려하는 문화를 유념해야 한다.

- 사무실 가구나 회의 자리 배치, 업무 참여 순서 등에 변화를 주어 아이디어를 나누는 사람들의 수를 늘려야 한다.

- 사람들이 서로 부딪치며 아이디어를 교환하고 공유할 수 있는 물리적 업무 환경을 만들자.

- 누구나 실패를 두려워하지만 실패가 그렇게 나쁜 것만은 아니다. 위대한 예술가나 기업은 실패를 환영했을 뿐만 아니라 그들 자신도 수없이 실패했다. 진정한 혁신을 이루려면 반복되는 실패를 느긋한 마음으로 받아들여야 한다.

- 좋은 피드백이 중요하다. 이를 위해 허심탄회, 상호 존중, 시기적절, 간결함, 방향성 등이 필요하다.

- 사람들은 배우고 성장하고 싶어 한다. 당신은 직원들에게 업무 외 어떤 활동이나 교육을 제공하는가?

9장

영감

스토리텔러를 위한 창조적 글쓰기

마냥 영감(靈感)을 기다려서는 안 된다.
몽둥이를 들고
영감을 찾아 나서야 한다.

잭 런던

아내와 나는 첫째 딸이 태어나기 전에 좋은 부모가 되는 법을 알려주는 책을 많이 읽었다. 아이를 낳기 전까지는 누구나 완벽한 부모가 될 수 있을 것 같아도 막상 닥치면 쉽지 않다는 사실을 잘 알고 있었지만, 그래도 우린 노력해보기로 했다. 아기를 재우고 먹이고 가르치는 최고의 방법을 탐독해나갔고 아기에 관한 온갖 잡다한 이야기도 읽었다. 아기는 자궁 속에 있을 때 청각이 민감해 태어났을 때 이미 부모의 목소리를 인식할 수 있다고 한다. 또 이제 막 태어난 아기는 수영을 할 줄 안다고 한다. 수영은 DNA에 새겨진 능력이다. 물론 갓난아기가 수영장을 거뜬히 돌고 금메달을 딸 수 있다는 말은 아니다. 하지만 어떻게 호흡을 조절하는지, 어떻게 움직이고 뜨는지를 본능적으로 알고 있다. 그런데 왜 나이가 들면서 점점 수영하는 법을 잊는 걸까? 그 이유는, 어쩌면 좀 한심한 설명일지 모르지만⋯ 그냥 잊어버리는 거다.

태어나면서부터 수영하는 법을 알고 있는 아기처럼 우리도 태어나면서부터 이야기하는 법을 알고 있다. 스토리의 본능은 인류와 수천 년 동안 함께한 본능이다. 그러나 나이가 들면 수영하는 법을 잊듯이 이야기하는 법도 잊을 수 있다. 물론 몇 가지 간단한 도구와 명확한 지침을 익히고 약간의 훈련만 해도 뛰어난 스토리텔러가 될 수 있다. 수영하는 법을 다시 배우듯 말이다.

제대로 된 도구와 지침, 훈련만 있으면 누구든 지금보다 더 뛰어난 스토리텔러나 작가가 될 수 있다고 믿는다. 다음은 스토리텔러, 시나리오 작가, 책 저자, 블로거, 강연자의 길을 떠나는 여정에 필요한 몇 가지 팁이다.

매일 글을 쓰자

짧게 쓰든 푹 빠져 정신없이 쓰든 서툴게 쓰든 상관없다. 그저 쓰면 된다. 매일 글쓰기 시간을 따로 확보하고 시간이 지나면서 글쓰기 비중을 넓히자.

다양한 글을 읽자

좋은 작가는 좋은 독자다. 다양한 글을 읽자. 마음을 움직이는 이야기를 찾아보자. 앉아서 글을 쓰기 20분 전, 닮고 싶은 작가의 글을 읽자.

글쓰기 시간을 확보하자

머리가 상쾌하고 활력이 넘칠 때 글을 쓰자. 이른 아침이든 늦은 밤이든 운동한 다음이든 상관없다. 집중력을 방해하는 것은 무엇인가? 그것을 마음의 대기실에 잠시 넣어두자.

글쓰기에서 가장 힘든 건 처음 10분이다.

10~30분 정도 짧은 시간 안에 글을 쓰자. 꾸물거리지 말고 곧장 모니터나 노트 앞으로 간다. 처음에는 가장 힘들었던 순간이나 가장 즐거웠던 순간을 생각나는 대로 쓰고 그다음은 그 순간을 좀 더 구체적으로 묘사한다. 아무 소재도 없이 시작하는 것보다 뭔가 쓸 거리가 있는 편이 훨씬 시작하기 쉽다. 글을 다 쓰면 다시 검토하고 수정하고 새로운 영감을 찾자.

꼼꼼한 계획가인가, 달리는 경주마인가?

계획가는 스토리의 플롯을 짠다. 일단 스토리에서 무슨 일이 펼쳐질지 계획한 다음 글을 쓰기 시작한다. 이 유형에 속하는 사람은 좀 더 분석적으로 스토리에 접근하는 편이다. 계획을 짠 후에 글을 쓰는 것이 훨씬 도움이 된다고 믿는 사람이므로 스토리의 큰 뼈대부터 만들어야 한다. 반면, 경주마는 계획 없이 앉자마자 글을 써 내려간다. 스토리가 스스로 그 모습을 드러낼 것이고 독자에게 필요한 모든 요소는 글을 쓰는 과정에서 자연스럽게 나타나리라 믿는다. 경주마는 자유로운 흐름을 추구하고 즉흥적인 편이다. 계획가와 경주마 둘 다 좋은 스토리를 쓴다. 자신의 성향을 파악하는 것이 글쓰기에 도움이 되고, 양쪽 성향을 모두 개발하면 훨씬 도움이 된다.

경주마 훈련

11분 안에 최대한 빠르게 글을 쓴다. 자유롭게 연상되는 대로 쓴다. 철자나 맞춤법, 논리 등은 생각하지 않는다. 낯선 단어들을 조합하자. 어울릴 것 같지 않은 형용사와 명사를 조합하자. 이상한 문장을 만들자. 새로운 단어를 발명하자. 하나의 표현을 단어만 바꿔 가며 계속 써보자. 이름을 쓰고, 이름 뒤에 감춰진 그 사람의 기이한 면모를 적어보자. 문을 열고 한 번도 나간 적 없는 곳으로 그들을 내보내라. 시간이 다 됐다. 11분 동안 얼마나 많은 단어를 썼는가? 다음에는 이보다 더 많이 써보도록 하자.

계획가 훈련

신문에서 따분한 스토리를 찾는다. 그리고 그 스토리의 뼈대를 발전시킨다. 마치 자신이 블록버스터 영화를 만들기 위해 중견 스튜디오에 고용된 사람인 것처럼 생각하자. 알프레드 히치콕은 이렇게 말했다. "드라마란 인생에서 따분한 것을 잘라내고 남은 부분이다."

빠르게 몰입하고 빠르게 빠져나오자

사람들이 집중하는 시간은 매우 짧다. 연설문을 쓰든, 스토리를 말하든, 소설을 쓰든 가능한 한 전개를 빠르게 진행하자. 그다음은 스토리의 끝에 어떻게 빠르게 도달할지 방법을 궁리하자.

감정

감정적 순간을 만들자. 모든 방법을 동원해 독자의 감정을 건드려야 한다. 신념은 만들되 절대 강요하지 말자. 좋은 글을 써서 독자를 스토리에 초대하자. 너무 많은 수식어로 독자를 억지로 감동시키지 말자. 영화《크리스마스 이야기》의 원작자인 진 셰퍼드는 "스토리텔링에서 감정을 살리려면 묘사와 억양을 활용하라"고 말했다.

어휘가 중요하다

- 수동태보다는 능동태가 독자들을 조마조마하게 만든다. 수동태: 강도가 증가세를 보이고 있다. / 능동태: 복면을 쓴 남자가 차의 뒷 유리를 주먹으로 내리친다.

- 짧은 문장, 긴 문장, 짧은 문장: 글의 호흡을 조절하자. 긴 문장과 짧은 문장을 섞어서 사용하자. 운율을 늘 염두에 둔다.

- 문단이 지나치게 길면 읽다가 지친다. 짧은 문단이 너무 많으면 몰입도가 떨어진다.

- 좋은 장면은 항상 다음 장면을 향해 차츰차츰 나아간다. 한 단어 한 단어가 모두 중요하다.

- 거창하고 화려한 단어를 사용하는 것은 꽃에 향수를 퍼붓는 격이다.

- 형용사와 부사는 절제하며 사용해야 한다.

- 독자에게 무엇을 느껴야 할지 말하지 말자. 그저 당신의 언어로 독자를 유혹하자. 스토리가 스스로 독자의 감정을 불러일으키게 하자.

- 글의 분량을 절반으로 줄인 것이 더 나은지 살펴보자. 대부분 글을 지나치게 길게 쓰는 경향이 있다. 어니스트 헤밍웨이는 짧은 문장, 짧은 문단, 생동감 있는 언어를 사용하기 위해 끊임없이 노력했다.

편집과 리라이팅

로알드 달은 다음과 같이 말했다. "소설 집필이 거의 끝날 즈음 첫 부분을 다시 읽으며 최소한 150번은 고쳐 쓴다. 나는 능숙함과 속도를 의심한다. 좋은 글쓰기는 본질적으로 리라이팅이다. 나는 확신한다."

편집하는 방법

- 스토리를 위한 편집: 스토리의 흐름을 더 좋게 바꾼다.
- 간결성: 문장을 다듬는다.
- 명확성: 간단명료하게 쓴다.
- 어조: 글에 일관성이 있는가? 신뢰감을 주는가? 매력적 인가?
- 단어: 더 단순하게, 더 직접적으로 표현한다.
- 클리셰: 거의 사용하지 않는다.
- 시제: 스토리의 일관성을 유지한다.
- 부사: 적을수록 좋다.
- 형용사: 많이 사용할수록 스토리의 힘이 약해진다.
- 구조: 모든 장면이 다음 장면을 위한 장면인가? 모든 장면이 마지막을 향해 가고 있는가?

글쓰기와 스토리텔링의 세계에 뛰어드는 것은 어렵고 겁

이 나고 두렵기까지 하다는 것을 잘 알고 있다. 첫 습작은 늘 엉망진창이다. 거울 앞에서 연습하는 영업용 멘트는 어색하고 서툴기 짝이 없다. 하지만 점점 쉬워진다. 내 말을 믿어보시라. 누구나 훌륭한 스토리텔러가 되는 법을 다시 배울 수 있다.

당신은 그저 꾸준히 헤엄쳐 나가면 된다.

이젠 당신 차례다! 당신의 삶에 흥미진진한 스토리를 녹여보자. 기억에 남고 영향력 있고 변화를 일으킬 만한 스토리를 만들어 주변에 들려주자. 이 사실만은 꼭 기억하길 바란다. 당신이 픽사에서 일하든,『포춘』이 선정한 500대 기업의 대표든, 동네 작은 장난감 가게를 운영하는 사장님든 이 세상에서 가장 영향력 있는 사람은 언제나 스토리텔러다!

감사의 말

여정을 떠나는 영웅처럼 나도 많은 동료와 멘토, 전문가의 도움을 받아 비즈니스를 위한 스토리텔링 기술을 다루는 책을 쓸 수 있었다. 내가 캐스팅한 캐릭터는 내 책의 편집자이자 동료 데이비드 드러리, 멘토 제프리 룬과 로버트 룬, 에이전트 켄 스털링과 배렛 코데로, 교정자 캐서린 로우슨, 첫 글쓰기 친구 리사 악시오티스, 재능 많은 아내 발레리 라포인테 룬이다. 책을 쓸 수 있도록 용기를 주고 이 모험의 세계로 이끈 전령관 모건 제임스 팀에도 깊이 감사한다.

《심슨 가족》팀과 ILM, 픽사 등 직장에서 일할 때 좋은 동료와 멘토가 되어준 이들에게도 말로 다 할 수 없는 고마움을 전한다.

끝으로 아낌없이 이야기보따리를 풀어주고 비즈니스를 향한 열정을 보여준 우리 아버지, 할아버지 매니를 비롯한 모든 가족에게 특별히 감사의 인사를 올린다.

픽사 스토리텔링

고객의 마음을 사로잡는 9가지 스토리 법칙

1판 1쇄 발행 2022년 1월 21일
1판 14쇄 발행 2024년 11월 29일

지은이 매튜 룬
옮긴이 박여진
발행인 박명곤 **CEO** 박지성 **CFO** 김영은
기획편집1팀 채대광, 김준원, 이승미, 김윤아, 백환희, 이상지
기획편집2팀 박일귀, 이은빈, 강민형, 이지은, 박고은
디자인팀 구경표, 유재민, 윤신혜, 임지선
마케팅팀 임우열, 김은지, 전상미, 이호, 최고은

펴낸곳 (주)현대지성
출판등록 제406-2014-000124호
전화 070-7791-2136 **팩스** 0303-3444-2136
주소 서울시 강서구 마곡중앙6로 40, 장흥빌딩 10층
홈페이지 www.hdjisung.com **이메일** support@hdjisung.com
제작처 영신사

ⓒ 현대지성 2022

"Curious and Creative people make Inspiring Contents"
현대지성은 여러분의 의견 하나하나를 소중히 받고 있습니다.
원고 투고, 오탈자 제보, 제휴 제안은 support@hdjisung.com으로 보내 주세요.

현대지성 홈페이지

이 책을 만든 사람들
기획·편집 박일귀 **디자인** 구경표

The End